八月十五日の真実

第Ⅰ章

東條内閣打倒工作

悪化する一方の戦局とうごめく国内勢力

動き出した倒閣のうねりとそれを封じる東條の強権政治

◉米軍の本格反攻開始で追われる日本軍……10　◉連合国の反攻作戦開始で追い詰められる日本軍……13
◉東條内閣打倒を決意した重臣・岡田啓介……19　◉反東條勢力封殺の尖兵となった東京憲兵隊……25
◉反東條の雄・中野正剛の自刃……29　◉「竹槍では間に合はぬ」と書き懲罰召集……35　◉二等兵にされた逓信省工務局長……38

万策尽き果てた東條英機の退場

天皇をも動かした重臣と宮家の固い決意と巧みな政治工作

◉活発化する東條内閣打倒工作……42　◉嶋田更迭を胸に伏見宮に拝謁した岡田啓介……45　◉伏見宮の説得に成功した岡田啓介の倒閣工作……50　◉宮様も登場するもう一つの東條暗殺計画……55　◉岡田啓介と東條英機の対決……59　◉追い込まれた東條内閣の危機突破策……62　◉ついに成功した重臣たちの東條包囲網……67　◉「三番人気」内閣誕生の裏側……71

第Ⅱ章

激動の一九四五年四月

鈴木貫太郎内閣の登場

昭和天皇の「頼み」に折れて組閣を引き受けた元侍従長

◉東條英機の思惑を退けた岡田啓介と重臣たち……80 ◉昭和天皇の「頼む」の言葉についに首相を引き受ける……84 ◉戦争遂行と名誉ある終戦。矛盾を抱えた鈴木内閣の船出……90

日ソ中立条約の破棄と戦艦「大和」の撃沈

無謀な巨艦出撃で壊滅した日本海軍

◉ヤルタ会談での密約を実行し始めたソ連の日ソ中立条約破棄通告……96 ◉「一億総特攻のさきがけ」にと、巨艦「大和」の殴り込み……98 ◉巨艦「大和」撃沈の夜に鈴木新内閣発足……103

第Ⅲ章

和平か本土決戦か

ナチス・ドイツの崩壊で米英への和平仲介をソ連に託す日本政府

スターリンを「西郷隆盛に似ている」という鈴木首相の国際感覚

◉ルーズベルトの死去でトルーマンが大統領に……108 ◉ドイツ降伏、ヒトラー自殺でも戦争続行を宣言する日本……110 ◉対ソ工作開始を決めた最高戦争指導会議首脳……114 ◉ソ連側にもてあそばれた広田・マリ

ク会談 ……118

昭和天皇の意向で決められた和平工作開始

沖縄玉砕の日に開かれた天皇の「懇談会」で、陸軍の「一撃後和平論」封じられる

◉本土決戦を決定した御前会議で東郷外相、対ソ交渉に懸念表明 ……123 ◉天皇の特使をソ連に派遣する案に「ひとつ、やってみよ」……127 ◉ようやく和平、終戦へと舵を切った軍政首脳 ……130 ◉異例、天皇主催の「懇談会」でソ連仲介の和平交渉開始を決定 ……134 ◉十六万五千余の犠牲を出して沖縄戦は敗北に終わる ……136

第Ⅳ章

幻に終わった和平工作

米情報機関と和平交渉を進めた海軍駐在武官

アレン・ダレス（CIA初代長官）率いるOSSが本気で応じてきた日本との和平交渉

◉戦争末期のヨーロッパを舞台に和平を模索した日本人たち ……140 ◉ハック博士と日本海軍士官 ……142 ◉空爆下のベルリンを脱出、スイスで和平工作のスタート ……145 ◉ベルンに届いた米国務省の訓令「日本と和平交渉を始めてよい」……148 ◉東京に打たれた和平工作の暗号電第一号 ……150 ◉ダレス工作に海軍は賛成だった。保科軍務局長の証言 ……152 ◉藤村中佐のダレス工作失敗。水泡に帰した三十五本の暗号電報 ……154

第Ｖ章

三巨頭会談とポツダム宣言

重光外相とスウェーデン公使が進めようとした和平交渉とは

中立国スウェーデンの王室ルートを使って米英と和平を結ぼうとした「バッゲ工作」の全貌

◉スウェーデンを介する和平工作に重光外相も即座に賛成した ……156 ◉和平工作開始早々の政権交替で状況一変 ……159 ◉東郷外相に引き継がれたスウェーデンを介す和平工作 ……164 ◉バッゲ公使を落胆させた日本外務省の新旧引き継ぎ ……166 ◉スウェーデン政府の不興を買い和平の糸がとぎれる ……168 ◉スウェーデンを舞台にしたもう一つの和平工作 ……170 ◉小野寺少将たちの工作はなぜ新聞にリークされたのか ……174

ソ連の和平仲介を期待して近衛特使派遣を決定

天皇の希望で本土決戦方針から和平工作に転じた日本政府

◉本土決戦の方針を転換して和平工作開始を決定したが…… ……180

トルーマンを勇気づけたアメリカの原爆実験成功

「日本を安心させて眠らせておけ」とスターリンにあしらわれた日本の和平仲介工作

◉日本の和平工作開始を知ったスチムソン長官の対日警告案 ……188 ◉原爆実験成功の報ポツダムに届く！ ……191 ◉スターリンに軽くあしらわれた日本の近衛特使派遣構想 ……194

第Ⅵ章

原爆投下とポツダム宣言受諾

日本に発せられた最後通告「ポツダム宣言」

連合国側に利用される鈴木首相の最後通告「黙殺」発言

◉原爆実験成功の詳細を知り俄然強気になった米大統領……198
◉アメリカの原爆開発を知ってもスターリンは驚かなかった……200
◉ポツダムから発せられた原爆投下命令と対日降伏勧告……203
◉外務省幹部はポツダム宣言受諾で一致したが……206
◉重大な結果を招く鈴木首相の「黙殺」発言……209

広島への原爆投下で終戦に動き出した政府首脳

トルーマン大統領の原爆投下と降伏勧告声明に大揺れの日本の首脳たち

◉ついに出された原爆投下命令、第一目標はヒロシマ……216
◉八月六日午前八時十五分三十秒広島に原爆投下される……220
◉日本でも傍受できたトルーマンの原爆投下声明……224
◉東郷・阿南の個人会談と天皇の「戦争終結の希望」……227

ソ連の宣戦布告と長崎への原爆投下

日本外交の完敗で降伏以外に手だてがなくなった日本政府

◉モロトフ外相にいきなり突きつけられた宣戦布告……232
◉二十万人の死者を出した原爆の街・広島に立つ……235
◉北からはソ連が満州に攻撃開始、テニアンからは再び原爆機発進……238
◉ソ連の宣戦布告を受けてポツダム宣言受諾へ動く……240

第Ⅶ章

日本の一番長い日

「聖断下る！」大荒れ首脳会議でポツダム宣言受諾決定

軍部の「降伏絶対反対」のなかで、いかにポツダム宣言受諾に持ち込んだか

◉降伏への条件が一致せず巨頭会談は一時中断……243　◉戦争続行を画策する大西中将を叱りとばした米内海相……245　◉深夜に及ぶ御前会議でもポツダム宣言受諾の結論出ず……248　◉聖断下る！　この際、忍びがたきも忍ばねばならない……253

「バーンズ回答」を巡る和平派と軍部強硬派の果てしなき戦い

日本の降伏に歓喜する米英国民と、クーデターを画策する陸軍の将校たち

◉情報局総裁談話と並ぶニセの「陸軍大臣布告」……257　◉「日本降伏！」に沸く英米。漏れ出す降伏情報……260　◉連合国からの回答に軍部が大反発。揺れに揺れる日本の中枢……263　◉果てしなく続く首脳たちの降伏を巡る重苦しい戦い……267

最後の聖断下る！「万民にこれ以上の苦悩はなめさせられない」

天皇の涙の「聖断」で戦争に終止符を打った最後の御前会議

◉六巨頭や閣僚の意表を衝いた首相と書記官長の御前会議召集……272　◉昭和天皇、御前会議で戦争終結に最後の聖断……274

戦争続行を叫ぶ中堅将校たちの反乱

近衛師団長を殺してニセ命令書を出した過激派将校

◉「聖断下る」の知らせに泣き出した畑中少佐……278 ◉森近衛師団長の射殺後に出されたニセ作戦命令……281 ◉「女官寝室」に隠された終戦の詔書の玉音盤……286 ◉「一死 以て大罪を謝し奉る」阿南陸相の覚悟の自決……288

自暴自棄、抗戦派将校たち最後の抵抗劇

鈴木首相の私邸をはじめ、政府首脳邸を次々焼き討ちする断末魔の抗戦派

◉激派将校のラジオジャックを撃退したＮＨＫ職員……292 ◉クーデター失敗、皇居前で自決した畑中少佐と椎崎中佐……294 ◉首相官邸襲撃と相次いだ政府要人邸への放火事件……296 ◉近衛師団に続けと立ち上がった各地航空隊の将兵たち……298 ◉断固抗戦も病気には勝てず無念の挫折をした三〇二空……302 ◉川口放送所占拠事件と田中静壱大将の見事な最期……304 ◉玉音放送とともに終焉した大日本帝国七十七年の歴史……307

あとがき……312

第Ⅰ章

東條内閣打倒工作

戦闘から逃れようと北へ、北へと避難したサイパン島の民間人は、
ついに北端のマッピ岬に追い詰められた。
残るは海に飛び込むか捕虜になるかの二つに一つしかない……。

昭和19年(1944)6月15日、
米軍は「絶対国防圏」の最後の砦
サイパン島への攻撃を開始した。
熾烈な戦闘が繰り広げられるなか、
国内では打倒東條英機内閣の動きが
活発化していく。

悪化する一方の戦局とうごめく国内勢力

動き出した倒閣のうねりとそれを封じる東條の強権政治

米軍の本格反攻開始で追われる日本軍

七月八日

富田氏と邂逅《かいこう》。氏は一昨日より憲兵に尾行され居り、公（近衛文麿）も亦然《またしか》り。今朝、公と富田氏は同道して荻窪より中央に出でたるに、自動車にて尾行し来りたるを以《もっ》て、富田氏は車を止め何人なるやを咎《とが》めんとせるに、彼車中に面《つら》を伏して逃れたりと。過日、富田氏邸より高村氏と引揚ぐる時、一〇三三号なる自動車ありたるも、やはり憲兵隊のものなりき。末期的陋劣《ろうれつ》の手段なり。

冒頭から奇妙な一文を掲げて恐縮だが、これは細川護貞《ほそかわもりさだ》の昭和十九年（一九四四）七月八日の日記の一節である。細川は旧熊本藩主細川護久《もりひさ》の孫で、元首相の細川護熙《もりひろ》の父親である。夫人が近衛文麿の次女だったこともあり、昭和十五年（一九四〇）から当時首相だった岳父近衛の秘書官に就任していた。そして昭和十八年十一月初めからは、近衛の推薦で高松宮殿下の〝情報収集係〟を務めていた。

この『細川日記』に登場する「富田氏」とは富田健治《とみたけんじ》のことで、第二次、第三次近衛内閣の書記官長を務め、近衛の側近として知られ、近衛内閣辞職後は貴族院議員に勅撰されていた。警察畑出身の強みで、警察情報を集めて近衛に提供し、東條内閣打倒工作を助けたと言われている。その富田健治の『敗戦日本の内幕』には、冒頭に紹介した『細川日記』の七月八日の一件が、より具体的に述べられている。

「ある時、近衛公が木戸内府を訪ねる時に、やはり自動車の後を見ると憲兵の自動車が尾《つ》いてくる。一度ガンとやってくれと近衛公はいわれるので、私はこちらの自動車を時々停める、停まるとあちらの自動車も停まる。そこで、曲り角でスピードを出すようにして曲ってから停めて待った。あちらでも知らずに急いで曲がってきた。そこで私は車から降りて、〝誰の命令で尾《つ》いているのか、近衛公と知って尾いているのか〟と脅かしたら急にスピードを出して逃走してしまった」

また七月八日の日記に出てくる「高村氏」とは、富田健治と同じ内務官僚の高村坂彦《こうむらさかひこ》で、戦後は衆議院議員として活躍した。現在の高村正彦《まさひこ》自民党衆院議員の実父である。

では、その細川や前首相の近衛がなにゆえに憲兵隊から付け狙われていたのだろうか。

写真は、日本から奪取したサイパン島に米軍が建設したアスリート飛行場に駐機するB29爆撃機。

憲兵隊といえば軍の警察業務を担う部隊で、当時の悪名高き「特高」（特別高等警察）と並び称される嫌われ集団である。

昭和十九年七月八日といえば、六月十五日の米軍上陸で始まったマリアナ諸島サイパンの日本軍守備隊が最後の総攻撃、いわゆる「バンザイ突撃」を決行して玉砕をした翌日である。現地部隊から総攻撃に先立って訣別の電報をもらった大本営内はショックに包まれ、その余韻は消えるどころかますます増幅しているときだった。サイパンをはじめとするテニアン、グアムなどマリアナ諸島が米軍の手に陥《お》ちれば、日本本土は米軍の直接脅威にさらされる。すでにこのとき、北九州の八幡製鉄所や長崎の大村基地などは米軍の長距離爆撃機Ｂ29の空襲を受けていた。当時、中国の成都を基地にしていたＢ29の攻撃範囲は、航続距離の関係で北九州が限界だった。しかし、マリアナ諸島を発進基地にすれば、Ｂ29

は日本本土の大半を爆撃して悠々と基地に引き返すことができる。大本営の幕僚をはじめ、戦局を知る人々はそのことにショックを受け、一種のパニック状態を醸《かも》し出していたのである。

連合国の反攻作戦開始で追い詰められる日本軍

前年の昭和十八年四月十八日、日本海軍の偶像的存在だった連合艦隊司令長官山本五十六《やまもといそろく》大将が、前線視察の途中で搭乗機が米軍機の待ち伏せ攻撃に遭って撃墜され、戦死した。後任には古賀峯一《こがみねいち》大将が選ばれ、参謀長には軍令部第一部長であった福留繁《ふくどめしげる》中将が就任した。古賀大将の強い要望によるものだった。福留は開戦直前の昭和十六年四月までは山本五十六大将のもとで連合艦隊参謀長の職にあり、開戦後は軍令部第一部長として、文字通り日本海軍の作戦を遂行してきた「戦略戦術の大家」といわれていた。

当時、連合艦隊は南太平洋における米軍との空海戦で敗北を重ね、満身創痍であった。戦略戦術の大家を参謀長に迎えた古賀新長官は、この壊滅状態の連合艦隊の立て直しをはかりながら反撃作戦を練った。昭和十八年八月十五日に発令した一連の連合艦隊命令（連合艦隊第三段作戦命令、同作戦要領、連合艦隊Z作戦要領、同基本編制、邀撃帯設置要領など）がそれである。

各作戦要領のなかの「Z作戦」には、中部太平洋を東から西へ進攻してくるチェスター・W・ニミッツ大将率いる米太平洋艦隊に決戦を挑む連合艦隊の作戦要領が詳細に定められていた。その別冊である「Z作戦指導腹案」には、使用兵力数から攻撃方法、攻撃目標など作戦構想の全貌がこと細かに記されてある。周囲は「さすがは戦略戦術の大家」だと、実質的な立案者である福留の力量に感嘆した者もあった。

だが、米軍の反攻作戦は日本側の作戦準備をはるかに上回るスピードで進んでいた。米軍は昭和十八年五月にはアリューシャン列島のアッツ島を攻略し、六月からはソロモン、ニューギニア方面でも陸海から日本軍に大攻勢をかけてきた。そして九月三十日には、大本営が御前会議で以後の防衛線をマリアナ→カロリン→西部ニューギニアにいたる、いわゆる「絶対国防圏」を策定せざるをえないほど、その追い上げは急ピッチだった。

実戦・実務型の指揮官といわれた古賀長官は、かねてから司令部は麾下《きか》の部隊とともに第一線にあることを信条としていたから、戦況に応じて司令部を移動し、指揮を執《と》れるよう絶対国防圏内に数カ所の連合艦隊作戦司令所の設置を中央に要求していた。フィリピンのダバオもその一つだった。要求は認められたが、具体的な設置準備もできないうちに、米軍は十一月二十一日にはギルバート諸島のタラワ、マキンに上陸し、日本軍守備隊は全滅する。ギルバートが陥《お》ちた以上、米軍が次の目標にトラック島など東カロリン群島を選ぶことは間違いない。トラックは連合艦隊の最前線基地である。大本営海軍部は艦隊のトラック待機は危険であるとして、連合艦隊司令部に再三パラオへの〝転進〟を促していた。

年が明けて昭和十九年、戦況はいよいよ逼迫《ひっぱく》してきた。二月一日、米軍はマーシャル諸島のルオット、クェゼリンに上陸を開始し、日本軍守備隊は全滅、策定したばかりの絶対国防圏は早くも破綻をきたしていた。

二月七日、古賀長官は連合艦隊主力のトラック撤退を命じ、一部は内地へ、第二艦隊はパラオに移った。太平洋における日本海軍の最大基地・トラックが米機動部隊の空爆にさらされたのはその直後、二月十七日であった。トラックは壊滅的打撃を受け、基地としての機能を喪失してしまった。当時のマーシャル諸島やトラック諸島は日本の国連委任統治領である「内南洋」内の島々だったから、日本の準国土といってもよかった。その準国土が占領され、空襲で壊滅的打撃を被ってしまったのである。

こうして一歩、一歩と日本本土に近づいてくる米軍を見て、重臣や政権内の一部の人々は危機感を深め、和平を模索する動きを見せ始めた。重臣とは首相を務めた人たちで、国家の大事に際しては内大臣を通して天皇からアドバイスを求められたり、時の内閣が総辞職したときは次の首相候補を上奏したりする人たちのことをいった。だが、首相の東條英《とうじょうひで》

開戦時、首相・内相・陸相を兼任した東條英機陸軍大将。1944年7月、サイパン陥落直後に総辞職。

機《き》陸軍大将は戦争遂行一点張りで、和平を口にする者や戦局を批判する者は、たとえ重臣であろうが「造言《ぞうげん》蜚語《ひご》罪」（陸軍刑法）に当たるとして厳しく取り締まってきた。その東條の手足になっていたのが憲兵だった。それどころか二月二十一日には、東條首相はそれまで兼務していた陸軍大臣と軍需大臣に加え、陸軍作戦遂行の最高指揮官である参謀総長も兼務すると発表した。さらに「東條の副官」などと陰口を叩《たた》かれている嶋田繁太郎《しまだしげたろう》海相にも軍令部総長を兼任させ、陸海全軍を指揮下に置いて東條独裁体制を強化していった。

そうした強気の東條大将をあざ笑うかのように、三月三十日、米機動部隊の艦上機は連合艦隊が避難しているパラオ諸島を空爆してきた。パラオは南洋庁が置かれた日本の南洋統治の中心地で、アイライ飛行場のほか、ペリリュー島には東洋一と言われた飛行場もあった。地図を広げれば一目瞭然だが、米軍がパラオを空爆してきたということは、次の目標をサイパンかフィリピンに置いていることを物語っている。機動部隊の進撃路に在る日本軍を排除するためであることは明らかだからだ。

この米機動部隊のパラオ接近は、ハワイ放送の傍受や通信諜報によって、連合艦隊司令部は二十七日夜にはキャッチしていた。そして翌二十八日午前九時三十分には、メレヨン島を飛び立った哨戒機が米空母機動部隊発見を知らせてきた。情報参謀の中島親孝《なかじまちかたか》中佐は、戦況の流れから見て敵機動部隊はパラオの艦船攻撃と補給基地の機能を奪うために来襲するに違いないものと判断した。

このとき連合艦隊旗艦「武蔵」はパラオに入泊中であった。二月二十四日に武器弾薬を満載して横須賀を出港、二十九日のこの日入港したばかりだった。連合艦隊司令部は急遽陸に上がり、パラオの中心地コロール島の南洋庁長官邸に移った。スタッフは一斉に防空壕掘りを開始し、「武蔵」と駆逐隊はパラオ北西海上に〝退避〟した。

そして翌三月三十日、パラオは予想通り早朝からコロール島を中心に米艦上機の空襲にさらされたのである。古賀長官、福留参謀長など主要幕僚は南洋庁長官邸にほど近い海軍第三〇根拠地隊司令部の防空壕に避難した。爆弾は、その防空壕や連合艦隊司令部が移った長官邸の近くにも落下し、コロールの中心街は爆発音ともうもうたる砂ぼこりに包まれた。街のあちこちから火の手が上がり、港内や沖合の艦艇は直撃弾を受けて次々沈んでいった。空襲は翌三十一日も続いたが、敵機は午後の二時ごろには姿を消した。

中島中佐は空襲の被害状況を報告したあと、

「パラオ諸島への空襲はこれで終りだろう」

米艦上機の空爆で炎上するパラオのマラカル港と日本軍施設。

と所見を述べた。すると福留参謀長が口を開いた。

「司令部は今夜、飛行艇でダバオに移動する」

中島中佐は、ダバオの通信施設の現状はパラオよりはるかに悪いことなどを説明して、移動に反対した。しかし参謀長は聞きいれず、すでに飛行艇三機に迎えに来るよう命令を出したという。

古賀長官と福留参謀長が、空襲下の防空壕の中でどのようにして司令部のダバオ移転を決めたかはわからない。しかし、長官への進言者は間違いなく福留中将だったはずである。それはともあれ、中島中佐など一部参謀の反対を押し切って、連合艦隊司令部はダバオに移ることになった。

古賀長官以下の司令部要員が二機の二式大

艇に分乗し、慌ただしくアラカベサンの飛行艇基地を飛び立ったのは午後九時三十五分であった。一番機には機長のほか古賀峯一長官ら八名が乗り、二番機には福留参謀長ら司令部員九名と機長ら搭乗員三名が乗った。

ところが当時、パラオとダバオ間には低気圧があって、荒れ模様の天候であった。一番機と二番機は離水と同時にお互いの位置を見失い、単独飛行の形になった。そして福留参謀長の乗る二番機は、四月一日午前二時五十分ごろセブ島沖に不時着し、福留ら九名は現地のゲリラ部隊に救出されたが、そのまま拉致《らち》されてしまった。福留が「Z作戦」など連合艦隊の次期作戦要領を記した計画書の入った鞄をゲリラに奪われたのはこのときだった。

結局、古賀長官らの乗る一番機の消息はわからず、遭難したものと判断され、殉職とされた。これが山本五十六大将の撃墜死を「海軍甲事件」と称したのにちなんで、「海軍乙事件」と称されることになる連合艦隊司令長官連続死事件である。

東條内閣打倒を決意した重臣・岡田啓介

ひしひしと押し寄せる米軍。それを迎え撃つべき司令塔の連合艦隊司令部の崩壊。事ここにいたり、和平をかたくなに拒否し、戦争遂行一本槍の東條内閣では国が滅びる、いっ

1934年に首相に就任した岡田啓介海軍大将。2・26事件で陸軍皇道派に狙撃され、危うく難を逃れたが総辞職した。

ときも早く倒閣して国と国民を救おうという動きが活発化してきた。それどころか東條首相を暗殺しようというグループも、現に何組か行動を開始していた。

　倒閣工作の先頭に立っていたのは岡田啓介《おかだけいすけ》を中心とした若槻礼次郎《わかつきれいじろう》、近衛文麿《このえふみまろ》、平沼騏一郎《ひらぬまきいちろう》といった重臣たちと、元朝日新聞記者で右翼の論客として知られていた東方会の中野正剛《なかのせいごう》代議士などだった。これら倒閣の中心になっていた重臣や中野代議士などに対しては、つねに東條の意を汲んだ憲兵たちが張り込んでいた。

　岡田は回顧録で語っている。

「東條は、この時局に倒閣を策すのは敗北主義者であるとして、実に熱心に、そして意のままに憲兵をつかって、わたしらのうごきを見まもっている。うかつなことは出来ないんだ」（『岡田啓介回顧録』）

　この倒閣工作をリードした岡田啓介は、周知のように「二・二六事件」（一九三六年二月二十六日発生）で反乱将校たちに命を狙われたときの首相である。このときは首相官邸のお手伝いさんの部屋に逃げ込み、押し入れに隠れて命拾いをしたが、今回は現首相差し回しの〝部隊〟から命を狙われることになってしまった。

当時、岡田海軍大将（予備役）は、東條政権の内部事情に精通していた一人だった。その情報源は三人の縁戚者だった。長男の岡田貞外茂《おかださだとも》海軍中佐は軍令部第一部第一課の作戦参謀の一人であり、二・二六事件のとき岡田と間違えられて反乱軍に殺された義弟の松尾《まつお》伝蔵《でんぞう》陸軍大佐（予備役）の娘婿が瀬島龍三《せじまりゅうぞう》少佐（のち中佐）で、参謀本部作戦課に籍を置いていた。のちの関東軍参謀でソ連に抑留され、戦後は伊藤忠商事の総合商社化に貢献し、財界の著名人となる人である。また岡田が首相当時の秘書官で女婿の迫水久常《さこみずひさつね》（大蔵官僚）は、このとき企画院にいた。鈴木貫太郎内閣の書記官長になる人である。

岡田は述懐している。

岡田啓介海軍大将の娘婿・迫水久常。終戦時の鈴木貫太郎内閣で内閣書記官長を務めた。

「これだけの縁つづきのものが、戦争の中心で働いていたわけだが、ひと月に一ぺんくらいわたしのところに集まって食事をすることがある。そなんときに、詳しい戦争の進行状態が手にとるようにわかるんだ。政府が高官にまで隠している損害もわかってしまう。これがわたしの情報網だったんだが、貞外茂が十九年の十二月戦死し、瀬島が廿年七月に敗戦思想があるというんで満洲（関東軍）へやられてしまうまで、こんな会合がつづいた」（『岡田啓介回顧録』）

岡田はじっとしていられなくなった――このまま戦争を続けていけば日本は国力の最後まで使い果たし、徹底的に破壊されて無残な滅び方をしなければならない。勝負がはっきり付いたからには、一刻も早く終結させる道を考えた方がよい。せっかくここまで築き上げた国が、不名誉なことになるのは致し方ないとしても、今のうちにでも救えるものなら、何らかの手を打たなくちゃならん。ただ滅びるに任せては不忠のいたりだ――と、その心情を回顧録に残している。

岡田は決心した。

「しかし終戦ということは、戦争をはじめた内閣には出来ないことだ。しかも東條のやり方を見ていると、口では戦争の終結を考えなければならんといいながら、まるで策を立てようとせず、戦争一本やりで、つっ走っているばかりだ。戦争をやめる方向へもっていくには、まずこの東條内閣を倒すのが第一歩だ、ということに思い当たって、わたしは、決心を固めた」

もっとも、東條にすれば日本が負けるなどとは思いも及ばなかったから、平然と戦争一本槍で突進していたに過ぎなかった。

話は少々先走るが、東條内閣が総辞職して五カ月後の昭和十九年十二月十八日、南京政府の汪兆銘主席の遺骸葬送の儀が病気療養をしていた名古屋で行われた。日本からは小磯国昭首相、近衛文麿公、重光葵外相、東條英機大将らが出席した。そして帰京に際し、たまたま四人は同じ列車になり、コンパートメントの関係から小磯と重光が同室となり、近衛と東條が同室となった。近衛が指定された列車のコンパートメントに入ったとき、東條はすでに寝台で横になっていた。二人とも挨拶はせず、黙したままだった。やがて東條は本を取り出して読み始めたので、近衛も所在なく本を取り出した。

しばらく時がたち、いきなり東條が大きな声でしゃべり出した。近衛に話しかけるという風ではなく、かといって独り言風でもなかった。

「自分は二つの間違いをやった。その一つは、南方占領地区の資源を急速に戦力化し得ると思ったこと。その二は、日本は負けるかもしれないと思い及ばなかったことである」

と。これは小磯内閣の情報局総裁緒方竹虎《おがたたけとら》の秘書官を務めていた中村正吾（朝日新聞記者）の日誌（『永田町一番地』）に残されているエピソードである。

対米英蘭戦争の開始前、日本の陸海軍首脳の大半は、蘭印（オランダ領東インド。現インドネシア）やビルマ（現ミャンマー）を占領しさえすれば、日本の資源問題は解決できると考えていた。戦闘で破壊された油田の施設などは一年もあれば完全復旧するだろうから、戦争遂行に必要な艦艇や飛行機の燃料は心配ないと考えていたのである。しかし、油田地帯や鉱山などを占領して原油や鉱物資源を手に入れたとしても、それら資源は目標地点（たとえば日本本土など）まで運ばなければ役には立たない。運搬にはタンカーや輸送船を使うことになる。当然、それら船舶には厳重な護衛艦隊が付く――と誰もが思う。

ところが開戦当時、海軍をはじめ日本軍首脳に「海上護衛」、今流にいえばシーレーン防衛という発想は無きに等しかった。実際、日本のタンカーや輸送船は丸裸同然で日本と南方の海を往復していたのである。そのため開戦と同時に日本の輸送船は米潜水艦の絶好の攻撃目標にされ、その被害はうなぎ登りに増大していった。資源が届かなければ戦備は整えられない。原油が届かなければ重油もガソリンも精製できない。鉄鉱石など鉱物資源が届かなければ軍艦も飛行機も造れない。

被害の増大に驚いた東條内閣が「海上護衛総司令部」を発足させたのは昭和十八年十一月だった。しかし時すでに遅く、ソロモン海での消耗戦に敗れた日本海軍には、輸送船を護衛するにも十分な艦艇がなかった。名ばかりの海上護衛総隊だった。ちなみに、この昭和十八年十一月に受けた日本の船舶被害は六十八隻、約三十一万トンに上り、そのうち米潜水艦に撃沈された船舶は四十四隻、二十三万トンに及んだ。「南方占領地区の資源を急速に戦力化し得ると」ばかり思っていた東條首相の、切歯扼腕《せっしやくわん》ぶりが目に浮かぶ。

反東條勢力封殺の尖兵となった東京憲兵隊

岡田啓介が東條内閣打倒を決意したころ、東方会の中野正剛も密かに東條内閣打倒工作を開始していた。中野は東條に批判的な近衛や岡田、若槻といった重臣をはじめ、宇垣一成《うがきかずしげ》、鳩山一郎らにも働きかけていった。ところが東條は、憲兵隊を通じてこれらの動きを手に取るようにつかんでいた。そして東條が批判者を容赦なく弾圧、抹殺していく「恐怖の憲兵政治」といわれる強硬手段を見せ始めたのはこの頃からだった。その尖兵となったのが、「東條憲兵」と陰口をたたかれた数名の憲兵指揮官たちだった。

東條と憲兵隊のつながりができたのは、東條の満州時代である。東條は関東軍参謀長になる前の昭和十年（一九三五）九月から十二年三月までの一年半、関東憲兵隊司令官を務めていた。東條が憲兵の有用性を知ったのはこのときであると言われている。そして昭和十五年（一九四〇）七月に第二次近衛内閣の陸軍大臣になるや、東條は憲兵隊の人事を徐々に自分の息のかかった人物に替えていった。

当時の憲兵組織は、中将を司令官とする憲兵司令部（東京・千代田区）の下に東京憲兵隊をはじめ、現在の警察組織と同じように全国に各憲兵隊が網の目のように設置されてい

ジャーナリストで衆議院議員を長く務めた中野正剛。戦争の長期化を憂慮し、東條降ろしに奔走した。

た。しかし、最上級の憲兵司令部は統括機関だから、政治家をはじめとする日本の中枢の人脈を監視・牽制するには、実働部隊である東京憲兵隊を押さえなければならない。

ミッドウェー海戦惨敗後の昭和十七年八月、東條がその東京憲兵隊の隊長に据えたのが四方諒二《しかたりょうじ》憲兵大佐だった。前任の増岡賢七《ますおかけんしち》少将は陸士23期だったのに対し、四方大佐は29期だから大抜擢《だいばってき》である。四方は東條が満州の関東憲兵隊司令官のときの高級副官で、東條一家とも親しい関係にあった。それまでは憲兵司令部の第二課長（警務課長）の職にあり、憲兵の警察事項を管掌《かんしょう》していた。そのため彼は省部（陸軍省と参謀本部）にも顔が広かった。そのうえ陸軍省の佐藤賢了《さとうけんりょう》軍務局長は陸士の同期であり、那《な》須義《すよし》雄《お》兵務局長は一年後輩、岡田重一《おかだじゅういち》人事局長は二年後輩と、憲兵隊長の〝実力〟を見せつけるには絶好の人脈がそろっていた。

東條首相をバックに東京憲兵隊長に就《つ》いた四方大佐は、今度は自分と同期クラスの競争相手の蹴落としにかかった。そして実際に何人かを地方の憲兵隊に追いやり、着々と独裁体制を築いていった。そのうえ四方大佐は、なんと東京憲兵隊長のまま憲兵司令部の本部長に補職された。もちろん東條陸相の差し金であることは申すまでもない。本部長というのは憲兵司令部の幕僚長であり、戦闘部隊の師団でいえば参謀長である。東京憲兵隊長は、戦闘部隊でいうなら連隊長に相当する。その連隊長が上級の師団司令部の参謀長を兼ねるというのだから、周囲が唖然としたのは当然だった。

こうなると憲兵司令官はお飾りで、東京憲兵隊という実戦部隊を握る四方が憲兵の最高権力者にのしあがったと見てもよかった。すなわち東條政権にとっては、邪魔者を自由自在に抹殺できる最良の実行部隊ができあがったということだった。

東條内閣総辞職後に東京憲兵隊長になった大谷敬二郎《おおたにけいじろう》憲兵大佐の『昭和憲兵史』によれば、四方隊長が部下に捜査を命じる場合、その情報源は三つあったという。一つは「赤松情報」と言われたもので、東條首相秘書官の赤松貞雄《あかまつさだお》大佐の手許に集まる情報であった。主に軍に取り入っていた御用代議士連中が持ち込む情報だったと言われている。

二つ目は〝反東條弾圧情報〟で、「当時、東條の三羽ガラスといわれ、最も反東條陣営から恐れられていた警視庁官房主事青木重臣《あおきしげおみ》、情報局次長村田五郎《むらたごろう》、東京憲兵隊長四方諒二等は、情報連絡会議をもっていた。（略）この会合では、反東條分子の策動状況を中心として情報を持ちより検討を加えていた」（『昭和憲兵史』）といい、毎週一回行われていたという。この青木は東條首相が関東憲兵隊司令官当時、満州の関東庁におり、「東條の

1941年10月18日に発足した東條内閣。前列右から鈴木貞一企画院総裁・国務相、東條英機首相（陸相・内相兼任）、橋田邦彦文相、2列目右から井野碩哉農相、小泉親彦厚相、3列目右から岩村通世法相、寺島健鉄相兼逓相、東郷茂徳外相、嶋田繁太郎海相、最後列右から岸信介商相、谷正之情報局総裁、星野直樹内閣書記官長、賀屋興宣蔵相、森山鋭一法制局長官。

知遇を得た新官僚」だったと大谷は書いている。

　そして第三の情報源は、東條首相の直接命令だったという。検挙を担当するのはほとんどの事例が憲兵だった。容疑の真偽などはどうでもよかった。

「もともと、これらの検挙は政治的な意味をもつので、機先を制してその動きを封殺するために、機敏、拙速な弾圧となる。だから、事の真偽とは、お構いなしに、検挙そのものを目的に検挙することが多い」（『昭和憲兵史』）

　いってみれば〝東條の三羽ガラス〟は、反東條派壊滅作戦の現場指揮官だったともいえる。この三羽ガラスに睨《にら》まれた人たちは数多くいる。冒頭に紹介した尾行される重臣たちはその代表クラスだが、首相経験者らだけに安易に検挙はできなかった。しかし、重臣以外の人たちには容赦がなかった。よく知られた被害者には、前記した東方会の中野正剛がおり、毎日新聞記者の新名丈夫《しんみょうたけお》がおり、戦後は社会党の代議士や東海大学総長も務めた松前重義《まつまえしげよし》などがいる。

東條内閣は対米英開戦直後の昭和十六年十二月十七日、わずか二日間の臨時議会を召集し、ろくな審議もせずに「言論・出版・集会・結社等臨時取締法」なる悪法を成立させた。目的は社会主義や自由主義はもちろんのこと、中野正剛が率いる東方会のような東條内閣に批判的な団体や政党を壊滅させることだった。そして東條の狙いどおり東方会は解散を余儀なくされ、「思想結社東方同志会」としてなんとか命脈を保っていた。もっとも時の内閣による法律制定はいつの世も変わりはなく、自分の内閣に都合のいいものだけが優先され、国民は二の次、三の次である。東條内閣だけが特殊だったわけではない。

反東條の雄・中野正剛の自刃

一日も早く東條内閣を倒さなければ日本は滅びる——中野の決心はますます強くなる。中野は昭和十七年十一月に母校の早稲田大学で「天下一人を以《もっ》て興《おこ》る」と題して講演し、痛烈に東條内閣を批判した。そして翌十二月には東京の日比谷公会堂で「奴隷体制を撃破せよ」と、戦局が次第に悪化しつつあることを指摘警告し、東條の官僚統制の失敗を完膚《かんぷ》なきまでにやっつけた。聴衆は日頃の鬱憤《うっぷん》を晴らすかのように中野の勇気を讃《たた》え、演説が終わっても拍手を送り続けた。事実、このとき国民は知らされていなかったが、ソロモン諸島ガダルカナルの攻防は日本軍の敗北が決定的となり、大本営は十二月三十一日の会議で同島の奪回作戦中止を決定し、陸海軍部隊の撤収を決定していた。

そして翌昭和十八年の元旦、朝日新聞に中野の「戦時宰相論《さいしょうろん》」なる一文が掲載された。これは中野の古巣・朝日新聞の先輩である緒方竹虎副社長の要望で寄稿したものだった。

「……大日本国は上に世界無比なる皇室を戴いて居る。忝《かたじ》けないことには、非常時宰相は必ずしも蓋世《がいせい》の英雄たらずともその任務を果し得るのである。否《いや》日本の非常時宰相は仮令《たとえ》英雄の本質を有するも、英雄の盛名《せいめい》を 恣《ほしいまま》にしてはならないのである。日本の非常時宰相は殉国《じゅんこく》の至誠《しせい》を捧げ、匪躬《ひきゅう》の節《せつ》を尽せば自ら強さが出て来るのである……」

とりようによっては東條首相に対する鋭い風刺であり、強烈な皮肉とも受け取れる。

元旦の自宅でこの記事を読んだ東條は激怒し、その場で情報局に直接電話をした。

「すぐさま発禁にしろ！」

朝日新聞元旦号はただちに発禁処分になった。まさに昭和十八年は不穏なスタートとなった。しかし、東條首相の鼻息の荒さは変わらなかった。ガダルカナル島の日本軍が撤収を開始した二月一日、東條首相は第八十一議会の貴族院会議で次のような発言をした。

「私はこの戦争に於いて戦捷に確信を持っています。よもや負けるなどとは夢思っていません。ただ負けるとすれば、二つの場合がある。一つは陸海軍が割れる場合だが、この点は心配していません。第二は、国の足並みが乱れた場合です。従って国内の結束を乱す言動に対しては今後も徹底的に対処していきます。たとえその者がいかなる高官であろうと、いかなる者であろうと容赦は致しません」

この東條発言を聞いた人々は、「いかなる高官であろうと、いかなる者であろうと」とは、岡田啓介海軍大将や近衛文麿ら重臣と中野正剛の反東條グループを指したものと取り沙汰していた。

そしてこの日、東條内閣は平成の世を騒がせた「特定秘密保護法」のような「戦時刑事特別法改正案」を衆議院に上程した。このとき東京憲兵隊本部特高第二課長として、四方諒二憲兵大佐の指揮下にいた塚本誠憲兵中佐（のち大佐）は回想している。

「この法案は、『内閣保安法案』『内閣不可侵法案』『武断独裁専制法案』等々と批評されたものである。改正の要点が、現在の東條内閣に対して不信任を表明することも、倒閣のために協議し宣伝したりすることも、また重要政策である官僚統制経済を批判したり、その変更を協議し、宣伝したりすることも、一切合財『国政変乱の罪』に問いうるという内容からいって、それは的を射た適切な表現であった」（『ある情報将校の記録』）

当然、議会政治を否定する法案だとして、三木武吉議員ら議会人は猛烈な反対運動を展開した。しかし翼政会を牛耳る東條派は戦刑法改正案を成立させ、反対派を抹殺する独裁体制を強化していった。鬼に金棒、反対派抹殺の法律を手にした東京憲兵隊は、中野正剛らの「国政変乱の罪」と「軍事上の造言《ぞうげん》蜚語《ひご》罪」のネタ集めを開始した。そして、この年昭和十八年十月二十一日、ついに〝東條の三羽ガラス〟は一斉弾圧に出た。まず中野と東方会メンバーを警視庁に連行して取り調べを始めた。中野を逮捕拘留した陸軍刑法並びに海軍刑法違反の〝罪状〟は次のようなものだった。

「昭和十八年二月上旬東京都渋谷区代々木本町八〇八番地被疑者居宅ニ於テ洲崎義郎及泉三郎両名ニ対シ何等確実ナル根拠ナクシテ大東亜戦争ニ於ケル陸軍及海軍ノ作戦ニ不一致アリ、右不一致ノ為、ガダルカナルノ合戦ハ作戦ニ失敗シ其ノ為数万ノ犠牲者ヲ出シタルモノナル趣旨ノ言説ヲ為シ以テ陸軍及海軍ノ軍事ニ関シ造言蜚語ヲ為シタルモノナリ」

中野がガダルカナル島について話した洲崎義郎と泉三郎の二人は中野が主催する思想結社「東方同志会」の会員だったが、自分の家で特定の者に戦局を語ったからといって逮捕とは言語道断である。また、日本の陸海軍の仲の悪さは当時も周知の事実で、中野のガダルカナル戦に対する見方はきわめて正鵠を射たもので、今日では戦史家の常識である。

中野の身柄を警視庁に拘束したあと、十月二十四日夜、東條は首相官邸に松阪広政検事総長を呼びつけ、中野を起訴しろとか裁判所から勾留状を取れなどと強要した。しかし、衆議院議員の中野をささいな罪で長期拘留することは難しく、大激論となった。警視庁も中野の長期拘留は不可能だとしてサジを投げ、結局、東京地検は十月二十四日深夜に中野を釈放するのだが、そこに東條の腹心の東京憲兵隊の四方諒二大佐から「警視庁がだめなら私の方で調べてみましょう」と、二十五日の早朝、中野の身柄を警視庁から東京憲兵隊に移したのである。そして中野は十月二十六日の午後二時過ぎ憲兵の車で自宅に送り届けられ、その夜の夜半十二時、日本刀で自刃をする。遺書とおぼしき書き置きには、こう書かれていた。

「決意一瞬、言々無滞、欲得三日閑、陳述無茶、人ニ迷惑ナシ、忠孝、父母、母不孝」

それにしてもなぜ中野正剛は自刃をしたのか？　理由は今にいたるもナゾである。

中野が釈放されて自宅に戻ってきたとき、国正《こくしょう》某という憲兵伍長が同行していた。中野は自宅にいた次男の泰雄に「この人ともう一人、二人が二、三日護衛のため泊まることになっている」と告げている。そして夕方、石井某というもう一人の憲兵下士官がやってきた。二人の憲兵は夜の九時ごろ、中野の指示でお手伝いさんが中野の部屋の隣り部屋に布団を敷き、寝に就かせている。

それから三時間後、中野は切腹の作法どおりに、まず臍《へそ》の位置の腹部に軽く刀を当てて二筋の傷を付けた後、左頸動脈を切断して自決している。二階の自室にいた次男の泰雄は「絶息の物音を私は耳にしなかったが、『護衛』の憲兵たちが知っていたのかいないのかは明らかでない」(『特集文藝春秋』目撃者の証言所収「慟哭の斷十二時!」)と記している。

中野正剛の遺体は翌早朝、お手伝いさんらに発見され、大騒ぎとなった。しかし、二人の憲兵は予期していたかのようにきわめて冷静であった。そして国正憲兵は泰雄に言った。

「ご容態はいかがですか。私たちは前の晩のご様子で察してはいたのですが……」

といい、「お大事に」と言って引き揚げていった。もしかしたら中野は検事の取り調べのあと、憲兵側と何らかの交換条件に自決を強要されたのかも知れない。次男の泰雄も父の言動や所作を思い浮かべると、父はすでに家に帰ってきたときには自決を決意していたようだとも振り返っている。自分の命と交換するほど重要なものなどあるのだろうか……。

妻に先立たれた中野には、二人の息子と七十八歳になる年老いた母がいた。長男の達彦はすでに入営していて、次男の泰雄も五日後の十一月一日に徴兵検査が待っていた。もしここで憲兵らに「もしあなたが責任をとらないなら、二人の息子はただちに前線送りになる」とでも言われたとしたら、中野はどう答えただろうか。当時の憲兵たちが反東條的人物たちを、生きては帰れない前線に次々と〝転属〟させていたことは、当然、中野も知っていた。自分のために子供を犠牲にはできない――そう考えたとしても不思議ではない。すでに紹介した中野の遺書を振り返ってみよう。

「決意一瞬、言々無滞、欲得三日閑、陳述無茶、人ニ迷惑ナシ、忠孝、父母、母不孝」

何とも意味深長な遺書である。

ところで検事総長の命令で中野を取り調べ、釈放を言い渡して東條首相の不興を買った東京地検の中村登音夫《なかむらとねお》思想部長には、間もなく赤紙（召集令状）が舞い込んだ。年齢はすでに四十三歳だったが、検事の職を追われ、一兵卒として戦場に狩り出されて行った。

「竹槍では間に合はぬ」と書き懲罰召集

昭和十九年二月二十三日の毎日新聞一面は興味ある紙面作りをしていた。トップ記事は「皇国存亡の岐路に立つ」の見出しで、東條首相の写真を掲げ、その下に「統帥と国務の更に一段の緊密化を具現し、政府と国民の持つすべての力を併《あわ》せて米英撃滅に体当りさせ大東亜戦に勝ち抜かねばならぬ」という東條首相のコメントを載せている。

このコメントは二月二十一日に内閣を改造し、東條自身は首相・陸相・軍需相に加えて参謀総長をも兼任することを決定したあとの初閣議での発言である。ところがトップ記事の真下に「勝利か滅亡か」「戦局は茲《ここ》まで来た」「竹槍《たけやり》では間に合はぬ」「飛行機だ、海洋航空機だ」という、当時の日本軍が置かれている状況を冷静に記した記事を載《の》せた。そして記事は「今こそ、われわれは戦勢の実相を直視しなければならない」として、「敵が飛行機で攻めてくるのに竹槍で以《もつ》ては戦い得ないのだ」と、政府にジャブを見舞っていた。

戦局の真相を知らされていない国民にとってはショックな記事ではあったが、同時に〈このままでは国が滅びる〉という強い連帯感を呼び起こし、大きな共感と感動をもたらした。大本営の報道部も情報局も、この記事を賞賛した。ところが、首相・陸相・軍需相・参謀総長を独り占めにして、「統帥と国務の緊密化」を謳《うた》ったばかりの東條はまたもや激怒し、翌二月二十四日、毎日新聞の編集局長と次長を解任させると同時に、記事を書いた新名丈《しんみょうたけ》夫《お》記者には「指名召集」の手続きをとらせた。このとき新名記者は三十七歳で、海軍担当のベテラン記者だった。

記事が掲載されて八日後、故郷の高松市から丸亀連隊入隊の召集令状が届いた。日本の歩兵部隊は本籍地の郷土部隊に入隊するのが決まりだったからだ。そこで新名記者は久しぶりに故郷に帰り、高松市役所に出頭した。すると召集は取り消されていた。理由は海軍報道班員として徴用するからという。海軍が助け船を出したのである。ところが、それを知った陸軍側が反撃に出た。海軍の徴用令状より、陸軍の赤紙（召集令状）のほうが優先するといってきかない。

　召集が取り消されて喜んだ新名記者は、毎日新聞高松支局で帰京の用意をしていた。すると、そこに陸軍の高松連隊区司令部から電話が入り、再召集されたという。新名は仕方なく、たった一人で丸亀連隊の営門をくぐった。そして丸亀の連隊司令部には、中央から新名二等兵を沖縄か硫黄島方面の部隊に転属させろという命令が来ていた。

　ところが、海軍も黙ってはいなかった。新名記者は極度の近眼のため、大正十五年の徴兵検査で徴兵免除になっていた。その徴兵免除者の中から、たった一人だけ取るのはおかしいじゃないかと抗議したのだ。陸軍もしたたかで、それならと、大正の徴兵免除者二百五十名を丸亀連隊に取って海軍に対抗した。ところが地元の連隊本部にも〝味方〟はいるもので、事情を知った幹部の計らいもあって、新名二等兵は三カ月後に他の除隊者と一緒に「召集解除」にされたのだった。

　実はこのとき、海軍部内では反東條の機運が激しく燃え上がり始めていた。東條は内閣改造で自ら陸軍の戦略・戦術を統括する最高責任者の参謀総長を兼務す

元毎日新聞記者の新名丈夫。東條内閣を批判する記事を執筆し、懲罰徴兵されるという「竹槍事件」を引き起こした。

ることにしたとき、嶋田繁太郎《しまだしげたろう》海軍大臣にも軍令部総長を兼務させた。軍令部総長は陸軍の参謀総長と同じで、海軍の戦略・戦術を統括する最高責任者である。すでに当時、陸軍の言いなりになっている嶋田海相に対して海軍部内の不満は大きく、嶋田を「東條の副官」呼ばわりをして憚《はばか》らなかった。それが軍令部総長まで嶋田が兼任するとなると、海軍のすべての権限も東條の手に握られてしまうという危機意識につながっていったのである。そうした海軍の反東條機運が、新名記者の懲罰召集の妨害に出たことは間違いないであろう。これが世に言う「竹槍事件」である。

二等兵にされた逓信省工務局長

松前重義も新名記者と同じく、東條首相のご機嫌に触れて懲罰召集をされた一人だった。しかし、松前の場合は周囲の懸命な〝救出作戦〟も功を奏せず、ついに陸軍二等兵として入営し、戦況が悪化しているフィリピンの最前線に送られてしまった。まず生還は望めない敗走の戦線だった。

松前に郷里の熊本市長から召集電報が届いたのは、昭和十九年七月十八日だった。当時、松前は逓信省《ていしんしょう》通信院の工務局長で数えの四十四歳、同僚の篠原登《しのはらのぼる》と共同で電話通信の無装荷ケーブル方式を発明するなど、日本の通信技術の最高責任者だった。政官界はもちろん、軍部でも著名な役人の一人だった。

松前に赤紙が来たとき、工務局の部課長たちは「何かの間違いだろう」と召集解除に奔走した。しかし、直属上司の通信院の塩原時三郎《しおばらときさぶろう》総裁とその側近たちは、なぜか静観していた。本来、通信関係の技術者は召集が免除されていた。ましてや技術関係の最高責任者である総裁なら、「それは何かの間違いだろう、即刻解除するよう私が交渉する」というのが普通である。しかし、塩原総裁は無関心を装っていた。

そういえば、松前に召集令状が届けられたとき、松前が「ただいま召集令状が来ました」というと、塩原は言下に、

東海大学を創設した松前重義。逓信省工務局長時代に東條と対立し、懲罰徴兵され南方へと送られた。

「それは厄介なことになったね」

とひとこと言ったきり、黙ってしまったという。このとき塩原は、松前が召集されることをすでに知っていたに違いない。塩原は東條が関東憲兵隊司令官だったとき、関東軍司令官だった南次郎《みなみじろう》大将の下にいた関係で、東條本人や満州国総務長官だった星野直樹《ほしのなおき》（東條内閣書記官長、戦後A級戦犯）などとは親しい関係

にあった。のちに東條がA級戦犯として東京裁判で裁かれたとき、塩原が清瀬一郎とともに東條の弁護人を務めたのも、そうした戦前からの関係があったからだった。そんな塩原が、通信院の幹部の一人である松前の〝処分〟を、東條本人か星野書記官長から事前連絡を受けなかったはずはない。

だが、松前の部下たちは先輩の召集解除に駆け回った。そして仕事の上で関係の深い、兵器行政本部長の菅靖次《かんやすじ》中将に解除を依頼した。菅中将は陸軍次官の冨永恭次《とみながきょうじ》中将に松前の召集解除を求めた。すると冨永は直立不動の姿勢をとり、きっぱりと断った。

「この件については何も言わないでくれ、これは直接総理の命令であるから」

こうして松前は大日本帝国陸軍の二等兵になり、フィリピンの最前線に送られるのだが、この召集から奇跡の帰還をするまでのいきさつは松前の手記『二等兵記』（日本出版協同刊。増補改訂版は東海大学出版会刊）に詳しいので、ここでは省略させていただく。

昭和十六年十二月八日、松前は日本が米英に宣戦布告したことを知り、驚愕したという。かつて松前はアメリカの生産現場を視察し、日本の工業力など到底およばないことを知っていた。長期戦になれば日本は必ず敗れる、いっときも早く講和を実現させなければならないと思った。それにしても日本の工業力の実態はどうなのかと思い、私費で部下や親しい専門家を動員して調査をした。その結果は「東條内閣の発表する軍需生産は、出鱈目《でたらめ》な内閣宣伝の欺瞞《ぎまん》に満ちたものである」（『二等兵記』）ことがわかった。

「この様な結論に到達するや否や、海軍々令部の課長以上の会合に於て之に関する講演を依頼され、私はこれについて詳細な講演を試み、結論として東條内閣の継続は国家を亡ぼすものであることを力説した」（同書）

こうして反東條内閣を鮮明にした松前は、同じく反東條内閣の重臣や高松宮などからも呼ばれ、国の実情を聞かれたという。高松宮には「東條内閣を以《もつ》てしては国家の前途は滅亡より外にないと、声涙共に降る思ひでお話し申し上げた」（同書）という。

こうまでやられては東條側も放っておくわけにはいかなくなったのであろう、前記したように松前を最下級の二等兵として召集し、戦局危ういフィリピン戦線に送り込み、〝名誉の戦死〟を期待したに違いない。

しかし、天は正義をそうたやすく見捨てはしない。松前工務局長に召集電報が届いた昭和十九年七月十八日、東京・永田町ではもう一つの大事件が起きていた。この日の昼前、当の東條首相が内閣総辞職に追い込まれていたのである。

万策尽き果てた東條英機の退場

天皇をも動かした重臣と宮家の固い決意と巧みな政治工作

活発化する東條内閣打倒工作

話を戻そう。この年の二月、陸海軍の間で船舶と飛行機用アルミニウムの配分問題が大揺れしていた。

昭和十八年の秋頃から海軍内には戦勢を挽回する唯一の道として〝海軍空軍化論〟が叫ばれはじめ、航空機重点主義へと軍備の転換をはかっていた。そこで軍令部は昭和十九年度用として三万二千機を要求していた。それには資材を大幅に増やしてもらわなければならない。

陸軍との資材配分交渉が開始された。海軍にすれば、米軍と直接戦っているのは海軍であるという自負があり、実際に航空機の損失は海軍機が圧倒的に多かった。しかし、陸軍は資材の配分は従来どおりの「陸海五分五分」を主張して譲らず、事務当局間の話し合いはまとまらなかった。交渉は二月十日に行われた東條首相（陸相兼務）、嶋田繁太郎海相、杉山元《すぎやまはじめ》参謀総長、永野修身《ながのおさみ》軍令部総長の四者会談に持ち込まれた。前記したように、米軍と最前線で対峙しているのは我々であるという自負心を持っている海軍側の関係者は、嶋田、永野両海軍首脳の頑張りに期待した。だが、結果は陸軍側に押し切られ、それまでと同じ〝山分け〟と決まった。これでは航空戦備を最重視している目下の海軍作戦は遂行が不可能になる。

　海軍の作戦計画を立てている軍令部の中堅層はカンカンに怒り、海軍省の課長クラスも「こんな大臣の下では戦えない。海軍の要望を通せる人に大臣をやってもらおう」と騒ぎ出した。海軍担当記者で、前記した「竹槍事件」の主役である新名丈夫によれば、「海軍省では、大臣嶋田繁太郎大将を東條の茶坊主とののしり、白昼、将校たちが『嶋繁を叩き斬れ』と怒号、大臣が便所に立つのにも番兵がつくという有様」（『証言私の昭和史4』）だったという。

東條内閣において海相・軍令部総長を務めた嶋田繁太郎海軍大将。東條への従属が強く、海軍内からも批判を受けていた。

　もちろん「東條の茶坊主」とか「東條の副官」などと陰口をたたかれているイエスマンの嶋田海相に、東條に切り込む勇気などあろうはずはない。そうした最中の昭和十九年二月二十一日、東條首相は挙国一致体制を築くためと称して、軍の国務と統帥の一元化を断行した。すなわち杉山参謀総長と永野軍令部総長を退陣させて、東條自ら陸相とともに参謀総長も兼任し、軍令部総長は嶋田海相に兼任させることを決定したのだ。前記のように嶋田は東條のイエスマンだったから、日本の陸海軍は実質的に東條の独裁下に置かれることになったのである。

「こうなったら嶋田サンだけじゃなく、東條サンにも一緒に辞めてもらおうじゃネエか」

省部（海軍省と軍令部）の中堅層は一気に硬化していった。軍令部出仕兼海軍大学校研究部員のインテリ将軍・高木惣吉少将もそう考えた一人だった。三月になり、その高木に海軍省教育局局長の発令が出された。

久しぶりに省部の現場に戻った高木は、中佐・大佐の中堅課長級の多くが東條内閣の無為無策な戦争指導に批判的で、海相追放、内閣打倒の空気が日に日に強くなっているのを肌で感じた。このままでは日本はダメになる、政権交代か強硬手段による局面打開しか道はない――高木少将はそう考えた。

こうした省部の中堅スタッフの危機意識に追い打ちをかけたのが、絶対国防圏の要衝サイパン島への米軍上陸だった（昭和十九年六月十五日）。日本軍守備隊は敗走を重ね、連合艦隊もマリアナ沖海戦で惨敗を喫してしまった。サイパン島などマリアナ諸島が敵手に渡れば、日本本土は直接攻撃にさらされる。しかし軍を牛耳る東條首相には、何の対抗策も打ち出せない。高木少将の部下である教育局第一課長の神重徳大佐（七月に連合艦隊先任参謀に転出）が、軍令部に乗り込んで戦艦「大和」「武蔵」を繰り出してサイパン救援を決行するよう提起したのはこのときだった。この案には局長の高木も大賛成だったが、軍令部は取り上げなかった。

倒閣運動実行派の首領株になっていた高木は、省部の中堅有志で論議を重ねた。その結論は、嶋田海相を辞職に追い込んで内閣を崩壊させるか、それとも東條に重傷を負わせるか暗殺するかによって内閣を一挙に瓦解させるしかないというものだった。

嶋田更迭を胸に伏見宮に拝謁した岡田啓介

倒閣運動の決め手を欠いていた元首相で海軍の重鎮・岡田啓介は、この海軍内の反東條、反嶋田の高まりを背に動きを再開した。その手始めは嶋田を海軍大臣から引きずり降ろすことだった。

岡田はこう考えた。

「島田（嶋田）を海軍大臣の地位から退《ひ》かせることは、東條の独裁体制をくずすことにもなる。後任海軍大臣の任命について、海軍が東條内閣へ不協力態度をとれば、内閣は更迭

小磯国昭内閣で海軍大臣に就任した米内光政大将。海軍内の良識派として、対米戦争開戦に反対し、戦争終結にも尽力した。

せざるを得なくなるかもしれないし、後任を出しても、海軍大臣が軍令部総長を兼任することは、その機会に改めることが出来るから、陸軍側の東條だって、自分だけ兼任しているわけにはいくまい」(『岡田啓介回顧録』)

しかし、行動を開始する前に嶋田の後任に目星を付けておかなければならない。誰が適任なのか。岡田は米内光政《よないみつまさ》大将を海相に据えることを考えた。この危うい戦局のなか、海軍を率いて内閣の方向を正すのは米内しかいないと判断したからだ。

岡田の海相交替工作は、まず親しくさせてもらっている伏見宮博恭《ふしみのみやひろやす》殿下に会い、海軍内の状況を述べて海相交替と米内の現役復帰の了承をとりつけることから始められた。伏見宮は昭和八年から十六年四月まで軍令部総長を務めたあと元帥府に入った海軍の重鎮で、嶋田海相をたいへんに可愛がっていた。この伏見宮の了承を取り付けない限り、嶋田更迭人事は進められないからだ。

昭和十九年三月七日の午後二時過ぎ、岡田啓介は神奈川県大磯に伏見宮を訪ねた。会談は二時間近くに及んだが、話の中心は米内の現役復帰と嶋田海相の更迭問題だった。

「本日お伺い申し上げましたのは、とくと殿下のご意見を伺いまして思し召しに従い働きたいためであります。今日、陸海軍の中堅のところでは首脳部に対して信頼を失い、また前線と中央とが離れております。これは大変なことと存じます。私は嶋田をよく知りませんが、善い人だと思っていました。議会の答弁も初めは大変好評でありましたが次第に評判が落ち、最近は朦朧《もうろう》であるとか春風駘蕩《しゅんぷうたいとう》であるとか言われています。その意味は、霞がかかって先が見えぬ、はっきりせぬということであります。中堅どころで見ておりますところは、永野（修身、前軍令部総長）はともかく努力しよう、結果は出ませぬが努力しようといたしますが、嶋田は東條と妥協して総長を誤魔化すと見ております。

いま嶋田に対する信頼は失われております。また次長、次官、軍務局長にも不満があるようであります。前線の将兵も中央に信頼を失いました。その理由はよくわかりませんが、私の聞きました一、二は、アッツ島やギルバート諸島（タラワ、マキン）の玉砕はなんとかならなかったのかとの前線帰りの者の質問に対して、嶋田は『前線基地の一つや二つとられても驚いてはいかん』と言ったとか。嶋田は上には当たりが良いが、下には強く出てるように思われます。

一体にこの内閣は暖かみがないと一般が言っております。東條は地方長官会議あたりでさかんに『親切に国民を扱え』と言っていますが、官吏は力で国民を圧迫して民心は政府を離れておる。これではいつ波が起こるかわからぬと思います。

さすれば一事混乱状態に陥ることはあり得ることで、かかる際には海軍の事情を知ってる者がいることが必要と思います。それには人望の比較的ある米内大将を現役に復帰せしむる必要ありと思います」

岡田の長広舌《ちょうこうぜつ》をじっと聞いていた伏見宮が、視線を上げた。

「準備がなくて戦《いくさ》をすればこういうことになるのは明らかだ。準備はなかったが、しかし仕掛けられた戦だからこれはやむを得ぬ。

嶋田は一次長として二回下におって、その人となりはよく知っておる。彼は腹も据わって、言葉少なで実行力大だ。及川《おいかわ》（古志郎《こしろう》大将）が大臣を辞めるとき、その後に豊田（副《そえ》武《む》大将）を持ってきたが、豊田は口数が多く実行力が少ない。それに陸軍との間にはどうしてもいけない関係がある。海軍大臣の適任者ではない。それ故私は嶋田を推した。今でも最も適任の海軍大臣と思ってる」

「海軍の今の多くの人の意見としては、今海軍で大臣を求めれば、現役大将では満点とは言えぬがまず豊田であろう。中堅から選べば兵学校の井上（成美《しげよし》中将。海軍兵学校校長）ではないかと申しています」

「井上はいかん、あれは学者だ。戦《いくさ》には不向きだ。珊瑚海海戦のとき敵をさらに追撃すべきときに空しく引き返した。今、海軍大臣を求めようとすれば最早人はない。

嶋田失脚の後は不足なれども豊田か……。今嶋田を動かそうとしても、それはいかぬ」

しかし、岡田は引き下がらなかった。「殿下に嘘は申し上げられませんから、ありのままに申し上げます」と前置きして、嶋田海相がいかに部下の信頼を失っているか、そして東條の参謀総長兼務に倣《なら》って軍令部総長を兼務したことが、いかに海軍内部の反発を買っているかを縷々《るる》述べた。すると伏見宮は話題を逸《そ》らすかのようにこう聞いてきた。

「米内を現役に列してどうしようとするのか」

「軍事参議官にして置けばよろしいと思います。嶋田を助け、内情を承知しておれば何かあったときの用意になります。何かあったときに現役でないと、予備ではどうすることもできませぬ」

「それは左様だ、予備では何もできない。米内が総理大臣になるとき、私は米内がこれを辞して軍務に専念してくれたら良いと考えておった。米内が承《う》けたものだから甚《はなは》だ遺憾に思ったのだ。それでも米内を現役に起きたかったのだが、米内がこっちを辞したものだからやむを得なかった」

「そのことは私も承知しておりますが、その当時、米内はああやるほかなかったと思います。また現役を辞したのは、悪例を残すことを恐れたことと存じます」

「岡田大将の、米内を現役にするという考えは一応道理があると思う」

「私は今、実は遠慮ないことをいたるところで申していますから、政府当局その他は私をあまり良く思っていないだろうと思います。私がこの事（米内の現役復帰）を嶋田に申しましてもよろしいが、さよう致しますとこれがもつれる恐れがあります。もつれると非常に厄介でありますから、殿下の御内意をお付き武官にでも御含め下さって嶋田にお伝え願えますれば誠にありがたいと存じます。もしかしたら嶋田は陸軍との振り合いを言うかも知れませんが、陸軍の方は、年配は多少違いますが似たところに阿部（信行、大将）がおります」

「それは岡田大将が言ったのではいかん、私が二十日か二十一日（海軍大学校の）卒業式のために東京へ行くときに嶋田に言うのが一番良い。早いほうが良いと思う。しかし、私にも尚考えさせてくれ」

こうして伏見宮は米内の現役復帰は了承したものの、嶋田の海相交替には首を縦に振らなかった。

伏見宮の説得に成功した岡田啓介の倒閣工作

岡田は米内が海軍大臣に就《つ》く場合には、末次信正《すえつぐのぶまさ》大将のような個性の強い人間が同時に軍令作戦の要職に座るのが望ましいと考えた。当時、後退一方の海軍作戦を立て直すために、軍令部の刷新がささやかれていた。現に末次はその立役者として名前が浮上していたこともあった。ところが米内と末次は疎遠で、あまり仲が良くなかった。まず、この離反した二人の感情を何とかして和らげなければならない。

そのころ米内との連絡役は海軍省軍務局員の矢牧章《やまきあきら》大佐と高木惣吉少将（教育局長兼海大教頭）があたり、末次との連絡役は石川信吾《いしかわしんご》少将（軍需省総動員局総務部長）があたっていた。いずれも反嶋田、反東條内閣を胸に抱く人たちだった。岡田は女婿の迫水久常を通してこれら〝同志〟に米内・末次工作を開始させた。その結果、石川の努力で藤山愛一郎《ふじやまあいいちろう》が米内・末次の会合場所として東京・芝白金の自邸を提供してくれることになった。藤山は日米戦争が始まったときは東京商工会議所会頭を務め、大日本製糖などの社長でもあり、また海軍省の顧問も務めていた。

米内と末次、それに岡田を加えた三者会談は昭和十九年六月三日に行われた。三人は憲兵や周囲の目をごまかすためにそれぞれ約束の刻限を五分ずつずらし、わざと遠いところで自動車を降り、そっと藤山邸に入った。そして藤山から出された「旨い酒を相当呑んで」（岡田）、三人は日本海軍の現状と今後の対策を話し合った。

岡田は二人に言った。

連合艦隊長官など海軍の要職を歴任した末次信正大将。岡田によって米内とともに海軍変革のために担ぎ出されたが、1944年12月病死した。

「現状の海軍ではどうにもならんから、陣容を立て直さねばならんと思う。事態は一日の猶予も許さない。この際、日本のために仲直りしてくれんか。ここは長老二人が仲良く手を握り合って、日本が進むも退くも最善の道を地固めしてほしい」

岡田は米内と末次両大将に、暗に嶋田に替わって海軍大臣と軍令部総長に就任してもらいたいのだと米内も末次も岡田の憂いに異論はなく、国を救うためには一個の感情などどうでもよい、一緒に力を尽くそうと言った。そこで三人は記念に寄せ書きなどをして、協力を約束したのだった。

印籠《いんろう》を渡したのである。

しかし、米内も末次も予備役である。当時は「軍部大臣現役武官制」によって、陸軍大臣や海軍大臣には現役の大将・中将以外は就《つ》けない仕組みになっていた。作戦の最高指揮官である参謀総長と軍令部総長も、もちろん現役でなければならない。そこで岡田は米内、末次の現役復帰工作と嶋田海相への辞任勧告は自ら行うことを申し出た。そして、その事前工作として伏見宮博恭殿下、高松宮殿下、木戸幸一内大臣には事前に会って了承を取り付けることも申し出た。

三月七日の拝謁後も岡田の伏見宮説得は続いていた。そして、伏見宮もだんだんと柔らかさを見せるようになってきた。そこで岡田は藤山邸での三者会談の翌六月四日、再び伏見宮に拝謁して一気に斬り込んだ。

「今や省部ともに嶋田では収まりが悪く、このままでは嶋田に傷がつきますから、ここらで替えて海軍の空気を一新すべきときに立ちいたっているように思われます。殿下のご同意があれば、私が嶋田に私自身の立場で辞めるよう奨めます」

すると伏見宮は思いのほかあっさりと「そうもあろう、自分もそう思っている。アレには私が言ったほうがよいだろう」と言い、続けて呟《つぶや》くように言った。

「自分が言い出してうまくいけばよいが、行かぬと引っ込みがつかなくなる……」

日本商工会議所の会頭で海軍省顧問だった藤山愛一郎。岡田、米内、末次会談や終戦工作のため、しばしば自宅を提供した。

そこで岡田は語を継いだ。

「この問題でこれ以上殿下を御煩《わずら》わしすることは畏《おそ》れ多いことと存じますから、それは何とか致します。尚、東條との関係もありますから左様うまくいくかも問題でありますが、このことは私がやります。ただ殿下にお願いしたきは、もし嶋田が参りまして岡田が何か言っておったと申しましたら、殿下もそれに賛成だとお

海軍の重鎮だった伏見宮博恭殿下。岡田啓介の説得により嶋田海相の更迭に賛同した。

っしゃっていただきたいのであります」

「その点は承知した」

伏見宮は意外と簡単に了承した。そしてこう続けた。

「永野を大臣にしたらどうだ」

永野修身海軍大将は嶋田海相が兼任するまで軍令部総長だった男だ。もし嶋田が海相を辞任して総長専任になった場合、永野が海相では立場が逆になる。岡田は言葉を返した。

「それは具合が悪うございましょう。後は第一線からという声もありますが、今第一線の陣容を動かすことは非常に艦隊を乱すことになりますから、艦隊はなるたけ陣容を動かさないがよろしいと存じます」

そして岡田は第一線以外の現役海軍大将の名を挙げていった。しかし、いずれも殿下の覚えはよろしくなく、特に吉田善吾、長谷川清、及川古志郎、豊田副武らに対する評価は悪かった。もっとも米内大将の現役復帰と嶋田海相更迭の内諾を得た岡田にとって、他の大将連の評価はどうでもいいことだった。

伏見宮に会った翌々日の六月六日、岡田は木《き》戸《ど》幸《こう》一《いち》内大臣に会い、嶋田海相更迭の必要性を説いていた。すると木戸は「一応、東條の耳にも入れておこう」と言い、首相秘書官の赤松貞雄大佐を呼んで岡田の考えを伝えた。しかし、赤松秘書官は木戸の申し渡しの内容を東條には伝えなかったらしく、東條はのちに岡田と会見するまで木戸からの申し伝えの事実を知らなかった。内大臣からの伝えごとは、天皇からの伝えごとにも近いものである。

木戸内大臣に会った翌七日、岡田は高松宮殿下にも会い、伏見宮との会見内容を報告するとともに、いよいよ嶋田海相に直接辞任を勧告することを伝えた。

宮様も登場するもう一つの東條暗殺計画

岡田大将や高木少将らの倒閣工作が活発化していたとき、実はもう一つの倒閣工作——東條暗殺計画が進められていた。

岡田・末次・米内の三大将が芝白金で秘密会談をする二日前の六月一日、一人の支那派遣総軍参謀が大本営参謀本部第一部に異動となり、二年ぶりに日本の土を踏んでいた。名前は津野田知重《つのだともしげ》といい、階級は少佐だった。父の津野田是重《これしげ》は日露戦争で乃木希典《のぎまれすけ》大将の第三軍参謀として活躍、ロシアのステッセル中将との水師営の会見にも立ち会った人物で、中将にまで上り詰めたエリート軍人である。

南京の支那派遣総軍司令部にいても、戦局の悪化は手に取るようにわかる。それなのに首相、陸相、軍需相を兼任する東條英機は、この二月には参謀総長まで兼任して己の権力強化に狂奔している。

〈今のうちに東條を何とかしなければ、日本は滅茶苦茶になる〉

東條内閣を倒して講和に向けた内閣を実現しなければならないという津野田の思いは、日に日に強くなっていた。しかし、日本から遠く離れた中国戦線にいてはどうすることもできない。それが、突然の参謀本部への異動命令である。津野田はチャンス到来と捉えた。

帰国した津野田少佐は、その足で親友の牛島辰熊《うしじまたつぐま》の家を訪ねた。牛島は皇宮警察や学習院、拓殖大学などの柔道師範を務める柔道界の第一人者で、石原莞爾が提唱する東亜連盟論に共鳴し、反東條を掲げる憂国の士である。

津野田は戦局の見通しとともに、東條内閣打倒の意を明かした。津野田の話を黙って聞いていた牛島は、きっぱりと言った。

「知さん、どうやら命を賭けて、国の大掃除をしなけりゃならん時が来たようだな」

津野田が出勤した大本営は、米機動部隊のサイパン接近でごった返していた。事は急を要する――津野田の実兄・津野田忠重著『わが東條英機暗殺計画』（徳間書店）によれば、津野田少佐は病気を口実に休暇をとり、三日三晩、不眠不休で「大東亜戦争現局に対する観察」を書き上げたという。その骨子は次のようなものだった。

一、現在の急務は、いかに速やかに戦争を終結させるかである。

一、その推進工作として、国民をその方向に指導しうる強力な内閣の構成、すなわち皇族方を通じて天皇陛下の御聖断を仰ぎ、東久邇宮内閣による政局担当の必要があること。

一、国民の世論及び良識ある進言を阻害している東條英機をすみやかに退陣せしめ、軍の粛正を期すること――。

津野田は書き上げた「意見計画書」を牛島に見せた。牛島は津野田に訊《き》いた。

「それで、東條が退陣を肯《がえ》んじないときは、どうする?」

「即、斬る」

牛島も津野田の意気に応え、「意見計画書」の最後に「行動の覚え」を書き加えた。

「もし東條が軍内閣の退陣を肯んじないときは、Aは宮家に働きかけて施策を強力に推進し、Bは東條を直接に断固処断し、事を見届けた後、共に自決する」

Aが津野田、Bが牛島である。

二人は寸暇を惜しんで行動を開始した。隠棲している石原莞爾、小畑敏四郎両中将の意見を聞き、東久邇宮を動かすために高松宮と三笠宮に接触をはかった。高松宮へは牛島が

旧知の間柄だった津野田知重陸軍少佐の東條内閣打倒計画に関係した三笠宮崇仁殿下。戦後はオリエント史を専門とする学者としても活動した。

三笠宮とともに和平を訴えた高松宮宣仁殿下。戦前から開戦慎重派で、終戦後も徹底抗戦を訴えた第302航空隊の行動を抑えた。

顧問をしている内原訓練所（満蒙開拓義勇軍などの訓練所）の加藤完治所長が農業問題などで高松宮と交流があるため、加藤を通じて計画書を渡す算段をつけた。

三笠宮には津野田が直接会って計画書を手渡すことにした。津野田は陸軍士官学校で三笠宮の二期後輩で、陸大入校前は同じ第一師団隷下の将校として旧知の間柄であり、宮にはことに目をかけてもらっていた。

参謀本部がサイパン島放棄を決定した六月二十四日、津野田は東京・赤坂の三笠宮邸を訪れ、「意見計画書」を手渡した。三笠宮は計画書を一読し、顔色を変え、黙ったまま言葉を発しなかった。津野田は宮の黙思の邪魔にならないよう、静かに一礼して退出した。その夜、三笠宮の事務官から電話があった。月曜の朝、大本営へ出勤する前に宮邸に来るようにという。

指定された月曜日の朝、訪れた津野田に三笠宮は開口一番、「あの日、貴官が帰ったすぐあとに、東さん（東久邇宮）と電話で話し合った」と言い、「自分も東さんを首班にするのは、同意である」と言った。前出の『わが東條英機暗殺計画』によれば、そのあと三笠宮はこう続けた。

「ただし、最後に書き加えられた項目を除いては、である。かりそめにも東條は、一国の総理大臣である。その人物を処断に訴えるのは、好ましくないと思うからである。これは秩父さんも高松さんも、同意見であった」

津野田は一瞬、息を呑んだ。まさか三笠宮が秩父、高松両宮にも相談するとは想像もしていなかったからである。

岡田啓介と東條英機の対決

津野田と牛島らが暗躍しているとき、重臣の岡田啓介海軍大将も老骨にムチを入れていた。伏見宮に会い、木戸に会って周囲をかためた岡田は、六月十六日、嶋田に面会を申し込んだ。米軍がサイパン島に上陸した翌日である。

大臣室で向き合った岡田は、ずばりと言った。

「米内と末次を現役に復帰させる。同時に海軍大臣と総長の兼任を解いて、海軍大臣は後任に譲ってはどうだ」

海軍の大先輩・岡田大将ではあったが、嶋田は顔色を変えて言い返した。

「いま海軍大臣を辞めるのは、内閣をつぶす結果になる」

嶋田にすれば、敵が日本の「絶対国防圏」の要衝サイパンに上陸したいま、大臣を辞めろとは何という不見識な先輩であるか、それこそ敵に塩を贈るようなものではないかと思ったかも知れない。嶋田は一カ月前の五月十七日に行われた各鎮守府、整備府の長官会議で「小笠原とマリアナの防備は堅固だ」と演説したように、このとき、サイパンに上陸した米軍は日本軍が必ず蹴落とすであろうと思っていたからだ。

岡田が帰ると、嶋田はただちに東條に報告した。

翌六月十七日、岡田は東條から首相官邸に呼ばれた。岡田は「果し合いにのぞむような気持」で乗り込んだと回想している。

東條は、勝手に海軍大臣に辞職を勧告することは遺憾なことだと抗議し、岡田は嶋田が「その職にとどまっていることは国のためによろしくない」「嶋田ではもう海軍部内はおさまらぬ」と返して譲らなかった。

対決は三十分を超え、ついに東條は「お慎《つつし》みにならないと、お困りになるような結果を見ますよ」と脅しをかけてきた。現に「あとで伝え聞いたところによると、わたしをその場から憲兵隊へ拘引しようと考えていたものも東條の周囲にはいたらしい」と岡田は回顧録で述べている。

このときの東條も嶋田海相と同じく、サイパンの日本軍が壊滅するなどとは夢想だにせず、米軍の敗退を信じて疑わなかった。

東條は五月末に行われた大本営の作戦打ち合せの席で、参謀総長として軍令部の中沢祐《なかざわたすく》第一部長に向かい、こう宣言をしている。

「軍令部第一部長、マリアナ群島はもう大丈夫です。弾薬糧秣等の輸送はまだ残っておるものもあるけれども、予定の兵力は全部入りました。おかげで途中の海没も少なかったし、海軍のご努力に厚く感謝致します。サイパンはもう難攻不落です。ご安心下さい」

陸海軍トップの軍令部総長と参謀総長が相次いで「サイパンは堅固だ」「難攻不落だ」と公言してはばからない。そのため他の参謀本部や軍令部首脳もサイパン戦をきわめて楽観していた。こんな挿話も残されている。

米軍がサイパンに上陸する前日の六月十四日夜、中国戦線に出張していた参謀本部戦争指導班長（大本営第二十班長）の種村佐孝《たねむらすけたか》大佐は、帰国の挨拶に上司の真《さな》田《だ》穣一郎《じょういちろう》第一部長（作戦部長）を訪ねた。そして、米機動部隊がマリアナ諸島に押し寄せているのを知った種村大佐は、こう言った。

「部長、サイパンはどうですか、ご心配でしょう」

するど真田少将は、いたって上機嫌に言い放った。

「いやあー、中部太平洋方面で一番堅固な正面に敵はぶつかったのだから、これは敵の過失だ、（わが軍は）必ず確保するだろう」

だが、内閣や軍中枢に距離を置く人たちには、戦局の危うさは手に取るように伝わっていた。

追い込まれた東條内閣の危機突破策

首相官邸での岡田と東條の対決が知れ渡ると、「陸海軍大将会」の予備役大将たちも動きだした。陸軍大将たちは「サイパンの防衛は万全である」と豪語しながら、上陸した米軍になんらの対抗策も打たない「東條参謀総長」に面会し、海軍大将たちはマリアナ沖海戦で惨敗、空母艦隊を壊滅させた「嶋田軍令部総長」に面会して戦局に対する〝意見具申〟を展開した。

一方、六月十五日早朝に総兵力七万の米軍を迎えた現地サイパンの日本軍四万と一般邦人約二万は、島の北部にじりじりと追いつめられていた。そして七月七日に最後の「バン

バンザイ突撃で斃れたサイパン島守備の日本兵。1945年6月15日に米軍が上陸し、早くも24日に大本営はサイパン島放棄を決定した。

ザイ突撃」を敢行して日本軍は壊滅し、生き残っていた婦女子を中心とする一般邦人は、多くが自決や投身自殺の道を選んでいく。しかし、それはもう少し先のことになる。

サイパンの日本軍守備隊が島の北部に追いつめられているのを知った海軍省や軍令部の中堅将校の間から、「断固反撃すべし」の声が起こった。海軍省教育局第一課長の神重徳《かみしげのり》大佐は、断固反撃派の急先鋒だった。神大佐が戦艦「大和」「武蔵」をサイパン沖に出撃させて戦局を逆転させるべきだとと叫び、岡田啓介大将を通して軍令部に申し入れたのはこのときである。

しかし、これら海軍側のサイパン奪還構想は東條参謀総長をはじめ大本営陸軍部の幕僚たちの猛反対にあい、六月二十日の東條・嶋田会談でサイパン奪還作戦案は取りやめとされた。マリアナ沖海戦では攻撃機さえ米艦隊上空に到達する前に大半が撃墜されている。そのうえ制空・制海権を完全に敵に奪われている現在、いかに「大和」「武蔵」といえども無事にサイパンにたどり着けるとは思えない。さらに海軍は、マリアナ沖海戦で艦上戦闘機の大半を失っていたので、途中の空中護衛は陸軍航空隊にお願いするという。しかし、海上航法に慣れていない陸軍搭乗員に「大和」「武蔵」の空中護衛は無理な話で、陸軍が反対したのは当然だった。

ところが、海軍の省部の将校たちは、「大本営陸軍部がサイパン奪還作戦を断念した」として、くすぶっていた反政府の動きを一挙に表面化させた。そこには東條の言いなりになっている嶋田海相への苛立ちもあった。この海軍の反政府の動きに乗ったのが、東條内閣打倒を目指す重臣たちだった。本章冒頭の「細川日記」にあるように、憲兵が重臣たちに張り付いて監視するようになったのはこのころからだった。

東條は嶋田と相談し、このさい内閣を改造して（強化して）中央突破をはかろうと考えた。東條が考えた内閣改造案は、自分が兼任している軍需大臣に専任大臣を置くことと、総理級の国務大臣二名（重臣の米内光政、阿部信行を考えているという）を加え、大本営の構成員にもなってもらうというものだった。

この「総理級の国務大臣二名」に米内と阿部を考えたのは、内閣総辞職論を封じようとした思惑が見え隠れしている。ご存じのように米内は和平派の予備役海軍大将で、反東條の筆頭といってもいい存在である。阿部は元首相の予備役陸軍大将で、このときは翼賛政治会の総裁だった。その翼政会はサイパン島が米軍に奪取された責任を問い、東條内閣に「善処すべし」と決議文を突きつけていた。すなわち、首相退陣を促していたからだ。

何度も触れているように、東條は陸相のほかに参謀総長も兼任しており、嶋田海相は軍令部総長を兼任していた。参謀総長は陸軍作戦の最高責任者であり、軍令部総長は海軍作戦の最高責任者である。とても兼任などで全うできるほど生やさしいポストではない。ましてや国の存亡が問われている重大な戦局に直面している。だが、二人の軍トップは、内閣の保身と政争にエネルギーの大半を注ぎ、軍の作戦指導などほったらかし同然にしている。こうした二人に対する中堅将校や予備役将軍たちの不満が、サイパン戦の敗北をきっかけに一挙に吹き出したといってもよかった。

翼賛政治会の「決議」に対する返事をするためと称して、東條は七月十二日の朝、阿部大将の自宅を訪ねた。そこで東條は、阿部に入閣を要請するとともに、首相続投の決意を述べている。

「戦争はきわめて重大だから辞めるわけにはいかない。また、辞めないで引き続きその職に尽くすことが、臣節を竭《つく》す所以《ゆえん》と考えている。内閣を改造して一路邁進《まいしん》する決心だ」

昭和天皇の信任が厚かった重臣・木戸幸一。東條政権の誕生や崩壊など、戦時の政治に大きな役割を果たした。

阿部大将に会った翌七月十三日、東條は木戸内大臣に面会して内閣改造案を示し、不満解消への協力を求めた。ところが木戸の言葉は予想外のものだった。木戸は「統帥の確立」という言葉を使って、東條と嶋田は参謀総長と軍令部総長の兼任をやめるべきだといい、こう続けた。

「敵を玄関先に迎へて片手間の作戦にては国民は安心せず。之《これ》では敗《ま》けても敗けきれぬと云ふ気持なり。従って此儘《このまま》の態勢にて進むときは、統帥の批判は今後益々《ますます》激しくなるとも終熄《しゅうそく》はせざるべし」（『木戸日記』）

さらに木戸は嶋田に対する厳しい言葉を続けた。

「嶋田海相の海軍部内の不評不満は実は意外なる程普遍的圧倒的にして、前線、内地の各鎮守府等殆《ほとん》ど例外なき有様なり。之を此儘《このまま》にして内閣の改造を行はるゝとも、到底国民の信望を繋《つな》ぐことを得ざるべく海軍の士気昂揚《こうよう》は思ひもよらざるところなり」（同）

木戸の意外な言葉に驚いた東條は、声高に反問した。

「いったい、それは誰の案であるか」

「陛下の御意志によるものだ」

木戸はぴしゃりと返した。

東條には信じられなかった。そこで東條はこの日の午後四時に、今度は参謀総長の資格で天皇に拝謁を願い出た。松平康昌《まつだいらやすあき》秘書官長の話によれば、「陛下御自身が内府よりさらに一層強い御語調で」こう言われたという。

「今の統帥は、此《こ》のままではいかぬから、これを確立せよ。なお、宮家（高松宮、朝香宮、東久邇宮）からもその上奏があった」

もう議論の余地はない。恐懼《きょうく》して退出した東條は参謀総長兼任の解消を決意し、嶋田にはその晩ただちに海相辞職を勧告した。

ついに成功した重臣たちの東條包囲網

七月十四日朝、東條は再び参内して新人事案を内奏した。
「統帥確立の思召《おぼしめし》に対し、自分は参謀総長をやめ、嶋田もやめさせます（註、大臣、部長両方か判明せず）統帥の現状を変え、さらに内閣の陣容も変えまして一路邁進《まいしん》致す決心であります」（前出の松平秘書官長の話）
東條は嶋田の後任の海相には呉鎮守府長官の野村直邦《のむらなおくに》大将を充《あ》て、参謀総長には参謀次長の後宮淳《うしろくじゅん》大将を充てることを内奏した。ところが後宮参謀総長案を知った参謀本部内からは、大反対の声が起こった。

翌七月十五日、冨永恭次《とみながきょうじ》陸軍次官は終日かけて東條陸相に後宮参謀総長案の撤回を説き、関東軍総司令官梅津美治郎《うめづよしじろう》大将の参謀総長就任を説いた。梅津参謀総長案は、参謀次長の秦彦三郎《はたひこさぶろう》中将をはじめ部内の待望が強いのを察して、冨永陸軍次官が意見具申をしたのだった。しかし、東條はなかなか首をタテには振らなかった。同期の後宮大将なら操作もたやすいが、先輩の梅津大将では思うように動いてもらうことは難しいからだった。だが、冨永の熱心な説得にほだされたのか、東條はやっとのことで後任参謀総長を後宮大将から梅津大将に変更し、七月十七日に前代未聞の内奏取り消しの上奏を行った。

野村大将も梅津大将も喜んで就任を快諾した。しかし、問題は「総理級国務大臣」だった。「タヌキ親父」などという愛称（?）も持つ策士の岡田啓介は、東條内閣打倒のキーポイントはここだと見抜いた。重臣を入閣させるには、現職閣僚の誰かを辞めさせなければならない。閣僚の数は決められているからだ。岡田は、その候補は国務大臣兼軍需次官の岸信介《きしのぶすけ》と睨んだ。

岡田は女婿の迫水久常《さこみずひさつね》を使って、岸に国務大臣を辞めないよう説得させた。この岡田の〝岸工作〟には藤山愛一郎《ふじやまあいいちろう》も密かに協力した。戦後、藤山は岸内閣の外相として政界入りするが、実はこのときの〝岸工作〟がきっかけになったとも言われている。

それはさておき、東條側も黙って見過ごしていたわけではない。「四方とかいう憲兵などがやってきて、なかばおどし、なかばすかして岸をやめさせようとしたが、岸も強硬に承知しない」（『岡田啓介回顧録』）。

そして岸は、実際に東條側からきた辞任勧告を拒絶した。

米内の家にも七月十六日夜から十七日の夜にかけて、東條改造内閣の海軍次官に就任予定の岡敬純《おかたかずみ》海軍省軍務局長や佐藤賢了《さとうけんりょう》陸軍省軍務局長らが相次いで訪れ、国務大臣就任を懇請していた。しかし、米内は「海軍大臣ならば軍人として最期のご奉公はするが、その他のポストならご免だ」と、はねつけた。

満州国の経営に携わり東條内閣では商工大臣も務めた岸信介。戦後は首相として日米安保条約改定などを断行した。

さらに米内も含めた重臣たちは十七日に平沼騏一郎邸に集まり、重臣は一人も入閣しないことを申し合わせ、東條に〝最後通牒〟を突きつけた。これら重臣たちの動きは、監視を続けている憲兵隊から逐一東條に報告されている。東條は万策が尽きたことを知った。

昭和十九年七月十八日午前十時、東條首相は閣議を開いて総辞職を決め、午前十一時四十分、天皇に拝謁して辞表を提出した。そのため、決行直前になっていたいくつかの「東條暗殺計画」も中止となったのだった。

この日の夕方、東條は参謀総長に着任したばかりの梅津美治郎大将と、前日、教育総監に就《つ》いた杉山元《すぎやまはじめ》元帥を陸軍大臣官邸に招き、三長官で後任の陸軍大臣を誰にするかを話し合った。このとき東條は、首相は辞任したが陸軍大臣は留任するつもりでいた。しかし、自分から「留任する」とは言い出しづらい。元帥である杉山は他の二人にとっては先輩ではあるが、前日に三長官の一人に就いたばかりである。ここは参謀総長の梅津がイニシアチブをとって次の陸相は決めなければならない。

「この際、東條大将が留任することは適当ではないと思う。ここは杉山元帥になってもらい、東條大将は現役を去るべきであると思う」

梅津はぴしゃりと言った。梅津は東條より陸士二期先輩、杉山は四期先輩である。二人の先輩を前に東條に異論を挟む余地はなかった。もちろん誰が次期首相になるかはまだわからなかったが、陸軍側が推薦する陸軍大臣の後任はこうして杉山に内定したのである。

「三番人気」内閣誕生の裏側

東條内閣が総辞職した昭和十九年七月十八日、大本営はサイパン島守備隊の〝玉砕〟を発表した。全滅である。しかし、内閣の総辞職はなぜか発表されなかった。それどころか、政府は新聞社に内閣総辞職の記事掲載は後継内閣成立までは禁止すると通達していた。かかる時局に政変の事実をただちに公表することは、人心を動揺させるからというのだ。いまだかつて前例のないことだった。

「もしかしたら後継内閣が流産し、東條首相への大命再降下を期待してるんじゃないのか」

永田町や霞ヶ関でそうした憶測が飛び交っているとき、午後四時から宮中では後継首相に誰を奏薦するかの重臣会議が開かれていた。会議には若槻礼次郎、岡田啓介、近衛文麿、平沼騏一郎、阿部信行、米内光政、そして辞任したばかりの東條英機ら元首相と原嘉道《はらよしみち》枢密院議長が顔を並べていた。

重臣たちの間でささやかれていた候補者は寺内寿一《てらうちひさいち》陸軍元帥（南方軍総司令官）をはじめに小磯国昭《こいそくにあき》陸軍大将（朝鮮総督）、畑俊六《はたしゅんろく》陸軍元帥（支那派遣軍司令官）、南次郎《みなみじろう》陸軍大将、梅津美治郎陸軍大将、そして海軍からは米内光政大将の名が上がっていた。その米内

首相をはじめ重職を歴任した若槻礼次郎。戦争末期は重臣として東條内閣崩壊に一役買った。

大将が会議の冒頭にいきなり発言をした。

「私は東條内閣を潰《つぶ》したような疑惑を持たれているので、この銓衡《せんこう》から除いてもらいたい」

すると阿部大将がすかさず返した。

「米内さん、あなたが東條内閣を潰したなんて誰も思っていませんよ。この時局の収拾には、米内さん、あなた以外に人はいません」

「いいや、かかる時局に海軍軍人が内閣の首班になるのはいけない。この際の総理には軍人ではなく、見識のある政治家に出てもらって、陸海軍を率いていくのでなければ駄目です。文官でなくてはいけない」

若槻男爵が割って入るように発言した。

「文官はもはや出尽くしている。現役の軍人に求めるほかはあるまい」

この若槻の意見に出席者の多くがあっさりと賛成し、寺内元帥、畑元帥、小磯大将の三人の名を天皇に奏上するよう木戸内大臣に頼んで、重臣会議は終わった。東條内閣打倒に汗を流していた高木惣吉少将の表現を借りれば、「重臣も内府も、東條更迭に息切れ気味で、新政権首班の推薦には全く精彩を欠いた」（高木惣吉『終戦覚書』）もので、おざなりな結果といえた。

ところがこのとき、重臣会議の結論に危機感を抱いた男がいた。近衛文麿である。寺内、畑、小磯の三人が上奏されれば、大命は間違いなく小磯に降りるに違いないと近衛は考えたのだ。実は重臣会議に先立って「東條大将が参謀総長の資格で予め陛下に拝謁、この際、前線の最高指揮官は動かして戴きたくないと上奏していた」（中村正吾『永田町一番地』）ことを、近衛は何らかのルートで知っていたに違いないのだ。となれば、三人のうち前線指揮官の寺内と畑の両元帥は外れ、木戸内大臣の言う「三番人気」の朝鮮総督小磯国昭大将に大命は降下することになる。

元来、近衛は小磯が嫌いで、あまり信頼を置いていなかった。近衛は、この難局を乗り切れるのは米内大将以外にはいないと考えていたが、重臣会議の冒頭、当の米内は自ら総理に選ばれることを辞退してしまった。

翌七月十九日、近衛はいきなり平沼騏一郎男爵と木戸幸一内大臣を訪ね、小磯・米内連立内閣構想を提案した。そして二人から同意を取り付けると、その足で米内を訪ね、大命は小磯に降りるだろうと告げて、連

小磯・米内連立内閣を主導した近衛文麿元首相。終戦に至るまで和平工作に奔走した。

立内閣樹立を促した。

「小磯大将は東京を長く離れており、内地の事情にも疎《うと》いので組閣がうまく行くかどうか危ぶまれる。そこで米内さんに是非とも出ていただいて、連立を組んでもらいたい」

「連立内閣では、責任の所在がはっきりしないからね」

東條の後任として首相に就任した小磯国昭陸軍大将。成立当初から小磯内閣は力不足で、閣内もバラバラに動き、わずか8カ月で瓦解した。

米内はやんわりと断った。しかし近衛は食い下がり、小磯内閣に加勢するつもりで入っていただきたいとたたみかけた。

天皇に最も近しい近衛に、ここまで頼まれては無下《むげ》に断ることもできない。米内は「誠におこがましいが、海軍大臣としての入閣なら自分が最適任と思う」からと、曖昧な返答をして入閣は承諾した。この間、木戸内大臣の命で松平康昌《まつだいらやすあき》秘書官長は他の重臣たちを次々訪問して、近衛の連立内閣構想を報告し、同意を取り付けていった。

七月二十日の午後、重臣たちは再び集まり、近衛の提案で「小磯・米内連立内閣」を天皇に〝進言〟することを全員一致で決め、朝鮮の小磯大将には「至急上京せよ」と電報が打たれた。

宮中からの至急電報は、その多くは大命降下である。もちろん小磯もそのつもりで飛んできた。ところがこの日七月二十日、小磯は宮中謁見室の隣りの控え室に入って驚いた。米内海軍大将が座っていたからだ。小磯と米内は同じ明治十三年生まれで、陸軍士官学校と海軍兵学校の違いはあるが、同じ年の入学だから同期といってもいい。それだけに小磯は、あれっ？　組閣の大命を受けるのは米内だったのか……と思った。では、自分は何の用事で呼ばれたのだろうか……。

そこに木戸内大臣が入ってきた。そして小磯、米内の両人に天皇が謁見されるという。小磯は米内に「どうぞ」と、先頭に立つよう促した。すると米内も「どうぞ」と小磯を促す。二人はそろって木戸に視線を流した。木戸は答えた。

「むろん小磯さんです」

謁見室に入った小磯と米内は、並んで組閣の大命を受けた。

「卿等、協力内閣を組織せよ。憲法の条章を遵守《じゅんしゅ》すべきこと及び大東亜戦争完遂のためソ連を刺戟《しげき》せざるようすべし」

天皇は、お互いに協力して内閣を作るようにとは言われたが、誰が総理大臣になるのかは言わなかったし、示唆するようなお言葉もかけられなかった。小磯は退下して控え室に戻っても、〈自分は本当に総理大臣になれるのか……〉という疑念にとらわれているふうだった。それを見かねたかのように、米内が木戸に聞いた。

「で、どちらが総理に……」

「むろん小磯さんです」

にっこり笑みを浮かべた米内は、静かな声で言った。

「君の思うようにやりたまえ。ただ右か左か、君が迷うときだけ呼んでくれ」

「では、君は何をやろうというんだい。海軍大臣でもやるのか」

「俺にやれるのは海軍大臣しかないよ」

と言われ、初めて総理への意欲がみなぎってきたのだった。だが、近衛と同じく小磯を好かない木戸は、この米内の言葉を聞き知って悔しがった。「事実は連立でも何でもないものになっちゃった」と。

何とも心許ない新内閣の誕生だったが、案の定、七月二十二日に発足したこの内閣は「木炭自動車」と呼ばれるなど、政治力に乏しい内閣だった。木炭自動車とは、石油が枯渇した当時、新たに登場した自動車で、のろくて故障が多いので有名だった。

一方、戦局のほうは連合国軍の追い上げは急ピッチで、小磯内閣が発足して間もない昭和十九年九月十五日、米軍は日本が委任統治している内南洋（ミクロネシア）のパラオ諸島ペリリュー島とアンガウル島に上陸し、翌十月十日には沖縄の那覇市が米機動部隊の艦

硫黄島で日本軍の要塞に火焰放射を浴びせる米海兵隊（1945年2月24日）。

載機による空襲で焼け野原となった。そして十月二十日、マッカーサー大将指揮の米軍が大挙してフィリピンのレイテ島に上陸してきた。フィリピンを奪還されれば、日本領の台湾や沖縄はもちろん、日本本土自体も米軍に上陸されかねない。大本営は、フィリピン防衛の決戦場に予定していたルソンの戦いを変更して、レイテを決戦場に変更した。これが大誤算で、日本軍は海戦で惨敗（レイテ海戦）して海上戦力を失い、レイテの陸戦でも敗退してフィリピン全土はマッカーサー軍の手に帰してしまった。

明けて昭和二十年二月十九日、米軍は日本領土の硫黄島に上陸してきた。栗林忠道中将率いる約二万一千名の日本軍守備隊は、「一人十殺」を合い言葉に頑強に抵抗したが、一カ月後の三月十七日、大本営に決別電報を発して玉砕した。

この間、小磯政権は何らの対策も打てず、「対ソ和平」「対中和平」による終戦を模索していた。その一つが南京政府の考試院副院長の繆斌《みょうひん》を通じた重慶の蔣介石政権との和平工作だった。俗に「繆斌工作」と呼ばれるこの和平工作は、小磯内閣の国務相兼情報局総裁として入閣した朝日新聞副社長の緒方竹虎の後押しで進められていた。しかし、重光葵外相や軍首脳の反対に遭い挫折、そのうえ昭和天皇の信任も得られず、昭和二十年四月五日、小磯内閣は総辞職をせざるを得なくなってしまった。わずか八カ月余の短命内閣だった。

第Ⅱ章

激動の一九四五年四月

沖縄では米軍が占領した地域に軍政が敷かれ、
ただちに食糧配給制が始まった（4月12日、北中城村島袋）。

昭和20年（1945）4月1日、
米軍が沖縄に上陸し、
太平洋戦争は最終局面を迎えた。
沖縄で住民を巻き込んだ戦闘が
行われるなか、
本土では終戦を担う
鈴木貫太郎内閣が成立した。

鈴木貫太郎内閣の登場

昭和天皇の「頼み」に折れて組閣を引き受けた元侍従長

東條英機の思惑を退けた岡田啓介と重臣たち

昭和二十年（一九四五）四月五日午後五時から、皇居の拝謁《はいえつ》の間で重臣会議が開かれた。重臣とは首相経験者や国会の議長経験者などをいい、いってみれば天皇や政府のアドバイザー的存在だった。この日の出席者は近衛文麿、平沼騏一郎、鈴木貫太郎、広田弘毅、岡田啓介、東條英機の六名に、やや遅れて若槻礼次郎が加わった。議題は、次の首相に誰を推《お》すかだった。

四日前の四月一日、米軍はついに沖縄本島に上陸してきた。この沖縄への米軍上陸を待っていたかのように、前年の七月に東條英機内閣の後を受けて登場した小磯国昭首相が政権を投げ出し、この日、四月五日午前十時半に総辞職した。

一カ月前の三月九日の深夜から翌十日早暁にかけての東京大空襲に象徴されるように、米軍のＢ29重爆撃機による空襲は日本の主要都市を片っ端から焼き尽くしている。その上

4月1日、水陸両用戦車を飛び出し、沖縄に上陸するアメリカ海兵隊員。日本軍からの反撃がまったくない無血上陸だった。

に米軍の沖縄上陸である。しかし、憲兵隊を後ろ楯に強面《こわもて》の軍政を敷いてきた前首相の東條英機陸軍大将と違い、何らの後ろ楯も政策ビジョンもない小磯大将には、敗色濃い戦局をリードする力はない。それを小磯自身がはっきりと認識したうえでの政権放棄だったに違いない。

重臣会議を取り仕切る木戸幸一内大臣をはじめとして、出席者の大半は次の首相も戦争がわかる陸海軍出身者がいいだろうということでは一致していた。そのなかで長らく侍従長を務め、天皇の信任も厚い枢密院議長の鈴木貫太郎予備役海軍大将を当初から推していたのは、岡田啓介海軍大将（予備役）だった。

木戸は、この岡田とともに次の総理大臣には鈴木を推薦しようと根回しを始めた。まず

枢密院議長・鈴木貫太郎海軍大将。かつて「鬼貫太郎」の異名をとった武人だが、すでに79歳と高齢だった。

重臣会議に先だって近衛の賛成を取りつけた。米内光政海軍大将も重臣の一人だったが、現職の海軍大臣だったから重臣の席に列することはできない。そこで木戸は米内に会い、「鈴木大将がよかろうと自分は思うが……」というと、米内は即座に賛成した。

木戸は昭和天皇にもさりげなく鈴木首班を〝打診〟していた。昭和二十四年（一九四九）五月十七日に行われたGHQ・G2（連合国軍最高司令官総司令部・参謀第二部）歴史課の「終戦に関する史実調査」の面談で、木戸は「この会議（重臣会議）に出られます前に直接に陛下からは御意向の反映はなかったわけですか」という質問に対してこう答えている。

「鈴木大将に対してはありません。まだ大命が降下してないのですから。ただ私と陛下との間で私から、だいたい鈴木がよかろうと申し上げ、陛下もそれならばよかろう、早く戦争は止めなければいかんからという、くだけた話があっただけです」

だが、鈴木は固辞した。戦後の東京裁判でも、検事側から証拠として提出された木戸幸一の戦時中の日記『木戸日記』によれば、鈴木はこうして断ったという。

「かねて、岡田（啓介）閣下にも申したことがあるけれども、軍人が政治に身を乗り出す

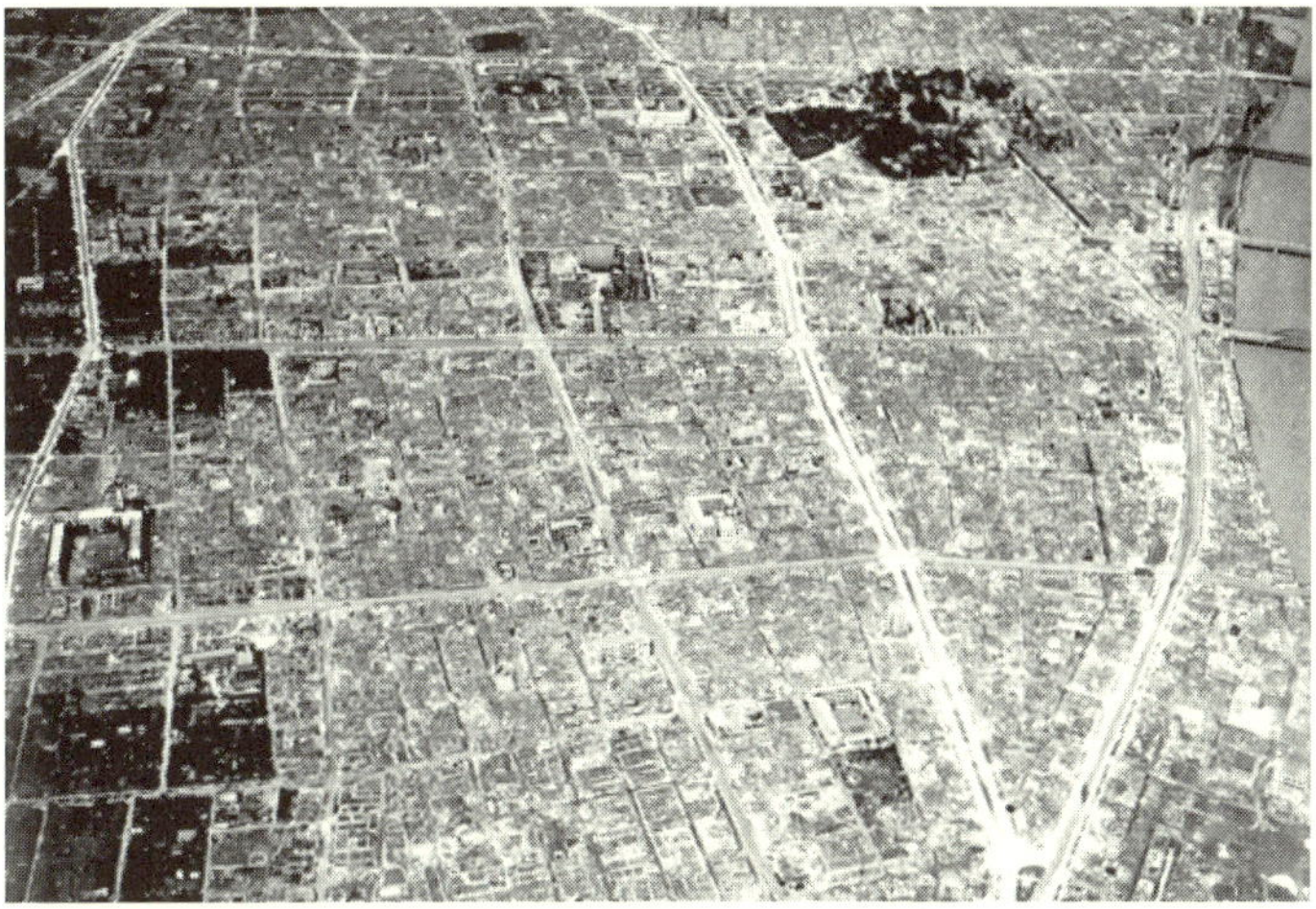

3月10日の夜間無差別空襲で東京は焼け野原となった。右上方の森が浅草寺、その左下に見えるのが浅草の東本願寺。米軍は1944年7月に占領したマリアナ諸島をB29の出撃基地として、日本本土へ空爆を行った。当初、軍需工場を標的にしていたが、戦果が十分でないとして無差別焦土作戦に切り替えたのだった。

のは国を滅ぼすもとだと考えている。ローマ帝国の滅亡がしかり、カイザーの末路、ロマノフ王朝の滅亡またしかりである。だから、じぶんが政治の世界に出るのは、じぶんの主義や信念のうえからみても困難な事情がある。しかも、わたしは耳も遠くなっているので、おことわりしたい」

鈴木の首班にはっきりと異を唱えたのは東條一人だった。東條は畑俊六元帥を推し、こういった。

「国内が戦場になろうとしている現在、よほどご注意にならないと、陸軍がソッポを向くおそれがある。陸軍がソッポを向けば、内閣は崩壊するほかはない」

この東條の脅し文句に対して岡田啓介

がかみついた。

「この重大な時局、大困難にあたり、いやしくも大命を拝した者に対してソッポを向くとはなにごとか。国土を防衛するのは、いったい、だれの責任であるか。陸海軍ではないか！」

午後八時過ぎ、重臣会議は結論を見ないまま終わった。

昭和天皇の「頼む」の言葉についに首相を引き受ける

会議のあと、重臣一同は食堂で夕食をとった。木戸は天皇に重臣会議の結果を報告する前に、もう一度鈴木の説得を試みた。木戸のGHQへの証言では、木戸は「鈴木さん、ちょっと来てください」と鈴木を重臣会議が行われた拝謁の間に呼び入れたという。そして言った。

「あなたは先ほど（首相就任を）非常に反対されましたが、今度は一つ組閣を引き受けて下さい。ご迷惑とは思いますが、お考えはいかがなものでしょうか」

「自分はその自信はないし、困る」

木戸は、鈴木は耳が遠いし、常に言うことが曖昧なのを知っていたから、改めてはっきりと言った。

「今や非常に重大な時局になっておりますから、ここで国を救うためにはあなたに大きな決心をしていただかねばなりません。戦争の状況はご承知でしょう」

鈴木は答えた。

「それではお引き受けしましょう。もし私が出るとなれば、私の使命は今あなたが言った点だけです」

今あなたが言った点だけ——というのは「国を救うため」という言葉を指したものに違いなく、「護国」という意味である。護国とは天皇制を護るためということにほかならない。木戸は「和平工作をしてもらうため」といった、条件めいたことはいっさい口にしていない。

木戸は念を押した。

「それじゃこれから陛下に申し上げます。しかし万一あなたが辞退されるということになっては困ります。その点大丈夫ですか」

「陛下のご命令とあればお受けします」

鈴木ははっきりと答えたという。

ところが鈴木貫太郎内閣の書記官長を務めた迫水久常の『大日本帝国最後の四か月』によれば、このとき鈴木はまだ後継首班を引き受ける決心はしておらず、天皇に拝謁するこ

米軍の相次ぐ空襲で瓦礫の街と化してしまった東京・銀座の繁華街。この国はどうなってしまうのか……。

とだけを承諾したという。しかし木戸は「本人の意志とは無関係に」（外崎克久『終戦時の侍従長・海軍大将藤田尚徳』）、鈴木を奏薦《そうせん》したという。四月五日のこの日、すでに日は暮れ、夜になっていた。

終戦時の侍従長として、昭和天皇の鈴木貫太郎大将への大命降下の場に侍《じ》立《りつ》した藤田尚徳海軍大将の手記（『侍従長の回想』）や、迫水の前掲著書などを総合すると、大命降下時まで鈴木が首班引き受けを決心していなかったのは事実のようで、大命降下の様子は次のようだった。

天皇が藤田侍従長が侍立しているご学問所に姿を見せると、鈴木大将も入ってきた。そして、かしこまって天皇の前へ進み出ると、陛下はいわれた。

「卿に内閣の組織を命ずる」

鈴木は恐懼《きょうく》して答えた。

「私は齢《よわい》七十九にして、耳も遠く、内閣の首班としては不適当だと思っていますので、どうかお許しください」

鈴木は九年前の昭和十一年二月二十六日に起きた青年将校たちによるクーデタ未遂事件、いわゆる「二・二六事件」で重傷を負ったが、そのときは侍従長であり、今でも天皇の信任厚い重臣中の重臣であった。

天皇は静かにいわれた。

侍従長時代の鈴木貫太郎。1929年から36年まで侍従長を務め、天皇から厚い信任を受けていた。

「政治に経験がなくてもよろしい。耳が聞こえなくてもよいから、是非やってくれ」

藤田侍従長の感想によれば、その天皇の言葉のニュアンスは、単なる形式的な口調ではなく、「ただ、頼みきるというおぼしめしのように拝見せられました」という。

鈴木は日ごろの丸っこい背中をさらに丸くしてお辞

鈴木たか。1905年から迪宮（昭和天皇、当時4歳）と弟の淳宮（秩父宮）の養育係を務めた。明治天皇が亡くなり迪宮が皇太子となるまで仕え、1915年（大正4）に鈴木貫太郎と結婚するために御殿を去った。

陸軍中尉の正装をした昭和天皇（1914年、立太子の礼挙行の2年前）。昭和天皇は晩年、「たかとは、本当に私の母親と同じように親しくした」と語っている。

儀をし、「謹んでお答えします」と前置きして、次のように答えた。

「陛下のお言葉は、誠に畏《おそ》れ多くうけたまわりました。ただ、このことは、なにとぞ拝辞のお許しをお願いいたしたいと存じます。昼間の重臣会議でも、このことはしきりにうけたまわりましたが、鈴木は固辞いたしました。鈴木は一介の武臣です。これまでに政界とはなんらの交渉もなく、また、なんらの政治的な意見ももっておりません。鈴木は、軍人が政治にかかわらないことを明治天皇に教えられ、今日まで自分のモットーにしてまいりました。陛下のお言葉に背くのは大変畏れ多いとは思いますが、なにとぞ、この一事は拝辞のお許しをお願いしたいと願っております」

昭和天皇はにっこりと笑みを浮かべると、優しさを込めていった。

「鈴木がそのように考えるだろうということは、私も想像しておった。鈴木の心境はよく

沖縄本島南部の上空を突っ切るグラマン戦闘機の編隊（4月4日）。

わかる。しかし、この国家危急の重大な時期にさいして、もうほかに人はいない。頼むから、どうか、気持ちを曲げて承知してもらいたい」

藤田侍従長の手記は、すると鈴木は深くうなだれてたった一言、「とくと考えさせていただきます」といって退下《たいげ》されたと記している。

その夜遅く、自宅に帰った鈴木は家族に大命拝受までのいきさつを話した。昭和天皇から「鈴木よ頼む」と、いってみれば頭を下げられたのである。異例中の異例のできごとである。結局、長男の鈴木一《はじめ》（当時、農商務省山林局長）の励ましもあって、鈴木は首相を引き受ける決心をした。

四月に入って戦局は風雲急を告げている。死守すべき「絶対国防圏」はいたるところに穴が開き、すでに沖縄では四日前に上陸を開始した連合軍との死闘が展開されている。

制空権を失って丸裸となった本土上空には敵機の大群が乱舞し、国民の頭上には爆弾の雨が降り注いでいる。こうしたときに大命を拝受した鈴木には、心中深く期するところがあったに違いない。

それは、長年にわたる侍従長の経験と枢密院議長になって感得した天皇の意思を政治上の原理として実現させていくこと、「速やかに大局の決した戦争を終結して、国民大衆に無用の苦しみを与えることなく、また、彼我《ひが》ともにこれ以上の犠牲を出すことなきよう、和の機会を摑《つか》む」ことであった。

戦争遂行と名誉ある終戦。矛盾を抱えた鈴木内閣の船出

四月七日、親任式を終えた鈴木首相は、慣例に従って首相談話を発表した。草案は内閣書記官長に就任した迫水久常の友人である木原通雄がつくった。名文家の木原が書いた草案は調子の高い文章だったので、迫水は鈴木首相に「このままでは少し調子が高すぎると思いますが……」とお伺いを立てた。

すると鈴木首相は言った。

「いや、これで結構です」

発表された首相談話は、調子が高いというよりも、国民に徹底抗戦を訴える勇ましいものだった。その全文は次の通りである。

「戦局危急をきわむるの秋《とき》にあたり、揣《はか》らずも内閣組織の大命を拝しまして、深く恐懼にたえませぬ。幸いにして閣僚の銓衡《せんこう》を終わり、ただいま親任式を挙行せられました。

帝国の自存のためにする今次の戦争は、いまやいかなる楽観も許さぬ重大な情勢に立ちいたりました。ことにあいつぐ崇高なる前線の犠牲、果敢なる銃後の努力にもかかわらず、ついに敵の反抗をして直接本土の一端を占拠せしむるがごとき事態とあいなりましたことは、臣子としてまことに慚愧《ざんき》にたえぬしだいであります。万一形勢かくのごとくにして推移せんか、帝国存立の基礎危うしといわなければなりませぬ。しかもこれが匡救《きょうきゅう》の重責は、一億の同胞赤子《せきし》をおいて、ほかにこれを求むることはできませぬ。

驕敵《きょうてき》を撃攘《げきじょう》し、祖国を守護すべき抗戦

東京空襲で焦土となった街を往く人々。

力もまた国民の上御一人《かみごいちにん》に対したてまつる至誠のほかに存すべきはずはありませぬ。いまは国民一億のすべてが既往《きおう》の拘泥《こうでい》を一掃して、ことごとく光輝ある国体防衛の御楯たるべきときであります。わたくしはもとより老軀を国民諸君の最前線に埋める覚悟で、国政の処理にあたります。諸君もまたわたくしの屍を踏み越えて起つの勇猛心を以て、新たなる戦力を発揚し、倶《とも》に宸襟《しんきん》を安んじたてまつられることを希求してやみませぬ」

鈴木は翌四月八日、表向きは戦争の遂行を主張したこの首相談話とほぼ同主旨の談話を、自らラジオで放送した。鈴木首相の「わたくしの屍を踏み越えて……」云々の談話に、欧米のジャーナリストや、密かに日本の新政権に和平を期待していた米英の政府関係者は落胆した。中には「無知の大ボラ吹き！」と、吐き出すように言った評論家もいたとさえいわれる。

だが、迫水書記官長など鈴木首相の側近たちは、戦争継続を督励した首相談話は鈴木一流の腹芸で、陸軍を意識したパフォーマンスだったと解釈している。

首班指名の大命降下を受けた鈴木は、小磯内閣の陸相であった杉山元《すぎやまはじめ》元帥に、後任の陸相に阿南惟幾《あなみこれちか》大将を出してほしいと申し出た。杉山も、本土決戦態勢を築くため陸軍の再編があり、すでに第一総軍司令官に転出することが決まっており、彼自身も自分の後任には気心の知れた阿南をと考えていたので、ただちに陸軍三長官会議を開いた。陸軍三長官とは、陸相・参謀総長・教育総監のことで、日本陸軍の最高意思決定機関といってよかった。このときの参謀総長は梅津美治郎《うめづよしじろう》大将、教育総監は土肥原賢二《どひはらけんじ》大将だった。

最強派閥の陸軍は、鈴木内閣が和平に動くのを警戒して、阿南入閣に三つの条件を出してきた。

一、あくまでも戦争を完遂すること。

二、陸海軍を一体化すること。

三、本土決戦必勝のため、陸軍の企図する諸政策を具体的に躊躇《ちゅうちょ》なく実行すること。

なんとも傲慢な要求である。しかし、政府を牛耳っているつもりの陸軍は、もしこの三要求を飲まなければ陸相推薦を取りやめ、鈴木内閣を流産させるつもりでいた。

ところが鈴木は「よくわかりました。貴意に添うよう極力努力いたしましょう」といともあっさりと了承した。驚いたのは陸軍首脳で、こうも簡単にOKされては逆に拍子抜けし、「しっかりやってもらいたい」と激励まがいの言葉をかけざるを得なかった。このへんが、鈴木一流の腹芸と言われたのかもしれないが、ともかく陸軍の要求を飲んだ手前、多少の抗戦意欲は表さなければならなかったのかもしれない。

当初、鈴木の外相就任要請を固辞していた和平派の東郷茂徳も、鈴木が抗戦派なのか和平派なのか判断できなかったために、外相就任に躊躇を見せたのである。

沖縄戦で民家を盾に戦う日本軍狙撃兵を攻める米軍。

開戦当時、大東亜省設置問題で東條英機首相と衝突し、外相を辞任した硬骨漢ぶりを鈴木が評価しての入閣交渉であったが、戦局の見通しについての鈴木の真意に疑問を抱いた東郷はなかなか首を縦にふらなかった。しかし、木戸内大臣をはじめとする各方面からの説得と、「戦争の見通しについてはあなたの考え通りで結構であるし、外交はすべてあなたの考えで動かしてほしい」との鈴木の言質《げんち》を得て入閣を了承したのである。

入閣後東郷は、最高戦争指導会議の決定事項を外相からも上奏することにした。天皇に直結するパイプを設けて、もろもろの決定事項をなるべく詳細かつ広範に上奏する道を開いたのである。さらに首相、外相、陸相、海相、参謀総長、軍令部総長のトップメンバー六名だけで構成する最高戦争指導会議構成員会議の設置を提案し、実現させた。これらが以後の事態の展開に大きな役割を持つことになる。

鈴木内閣のメンバー	
総理大臣	鈴木 貫太郎
外務大臣兼大東亜大臣	東郷 茂徳
内務大臣	安倍 源基
大蔵大臣	広瀬 豊作
陸軍大臣	阿南 惟幾
海軍大臣（留任）	米内 光政
司法大臣（留任）	松阪 広政
文部大臣	太田 耕造
厚生大臣	岡田 忠彦
農商務大臣	石黒 忠篤
軍需大臣兼運輸大臣	豊田 貞次郎
国務大臣兼情報局総裁	下村 宏
国務大臣	左近司 政三
国務大臣	桜井 兵五郎
内閣書記官長	迫水 久常
法制局長官兼総合計画局長官	村瀬 直養

4月7日、親任式を終えた鈴木内閣の各閣僚。外相など一部閣僚は、まだ兼任のままだった。

この首相談話発表のときの心境を、鈴木自身は後日、次のように述べている。

「……そのためには異常の覚悟が要ると痛感した。組閣当夜のラジオ放送において『国民よ我が屍を越えて行け』と言った真意には次の二つのことが含まれていた。

第一に、余としては今次の戦争は全然勝ち目のないことを予断していたので、余に大命が下った以上、機を見て終戦に導く、そうして殺されるということ。第二は余の命を国に捧げるという誠忠の意味から彼《か》のことをあえていったのである」

しかし他の閣僚のなかには、鈴木と違って大臣就任受諾に際し、はっきりと「終戦するために就任する。そのためには殺されてもよい」と周囲の者に広言していた下村宏情報局総裁をはじめ、心中ひそかに終戦の決意を秘めたメンバーが含まれていた。

日ソ中立条約の破棄と戦艦「大和」の撃沈

無謀な巨艦出撃で壊滅した日本海軍

ヤルタ会談での密約を実行し始めたソ連の日ソ中立条約破棄通告

日本の政局が大揺れに揺れていた昭和二十年（一九四五）四月、日本を取り巻く情勢は内外ともに激しく動いていた。米軍が沖縄に上陸した二日後の四月三日、米統合参謀本部はダグラス・マッカーサー元帥（米南西太平洋方面軍司令官）とチェスター・W・ニミッツ元帥（米太平洋艦隊司令長官兼米太平洋方面軍司令官）に、九州上陸作戦の準備を命じた。のちに「オリンピック作戦」と名付けられる、日本本土攻略作戦である。

そして小磯国昭首相が総辞職した四月五日、ソ連のモロトフ外相は佐藤尚武駐ソ日本大使を呼び、日ソ中立条約不延長の覚書を手交してきた。

日ソ中立条約は昭和十六年（一九四一）四月十三日に、モスクワでソ連のスターリン首相と松岡洋右《まつおかようすけ》外相の間で調印された条約である。お互いが領土保全と不可侵を尊重し、一方が第三国の軍事行動の対象になった場合には、他方は中立を守るというもので、不可侵条約よりも軽易な条約だった。期間は五カ年で、昭和二十一年四月が期限切れだった。

ソ連はこの年の二月四日から開かれた米英ソ三国首脳によるヤルタ会談で、対日参戦の密約を交わしていた。日ソ中立条約の不延長は、その密約を実行に移すための条件整備の一環であった。すなわち、条約の延長を望まない場合の破棄通告期限が、満期一年前の昭和二十年四月二十五日で切れることになっていたための措置だったのである。

日ソ中立条約に調印するモロトフ外相。右後方にはスターリン首相、右側には松岡外相が控える。

　ソ連政府の覚書は次のようだった。

「日ソ中立条約は独ソ戦争及び日本の対米英戦争勃発前たる一九四一年四月十三日調印せられたるものなるが、爾来事態は根本的に変化し、日本はその同盟国たるドイツの対ソ戦争遂行を援助し、且つソ連の同盟国たる米英と交戦中なり。かかる状態においては日ソ中立条約はその意義を喪失し、その存続は不可能となれり。よって同条約第三条の規定に基づき、ソ連政府はここに日ソ中立条約は明年四月期限満了後延長せざる意向なる旨宣言するものなり」

中立条約の不延長は、日ソ関係の悪化を意味し、日本政府と軍部には衝撃だった。ことに陸軍にとっては、北方の脅威が一挙に増大したことを意味する。もしもソ連が対日戦に参加するような事態を招けば、日本の敗北は決定的になるからだった。

「一億総特攻のさきがけ」にと、巨艦「大和」の殴り込み

ソ連から中立条約の破棄宣言を出され、皇居では後継首班の奏薦を誰にするかの重臣会議が開かれようとしていたその四月五日の夕方、山口県徳山港外の三田尻沖に碇泊している巨大戦艦「大和」の艦内では、最後の宴《うたげ》が始まろうとしていた。

「各分隊酒ヲ受取レ」

「酒保《しゅほ》開ケ」

戦艦「大和」の艦内では、酒保にある酒や菓子などをすべて解放し、三千名の乗組員たちが、かすかな無礼講のときを送るのだ。付近の洋上には、軽巡「矢矧《やはぎ》」、駆逐艦八隻が

錨を下ろし、同じように宴を始めようとしている。

「大和」乗り組みの吉田満少尉は、ガンルームで士官らと別れの盃《さかずき》をかわした。

「散会後、各所属分隊ノ居住区ニ遠征　痛飲マタ快飲（中略）車座ニ腰ヲ下シテ端ヨリ余興ヲ出ス　多クハ本調子ノ俚謡民謡ナリ

　冷酒ヲ一合四勺入リノ湯呑ミニドクドクト注ギ、一気ニ呑ミホス（中略）

　乗員三千　スベテミナ戦友、一心同体ナリ」（吉田満『戦艦大和ノ最期』）

46センチ砲を搭載した世界最大の戦艦「大和」。日本海軍は「大和」を沈められたら後がないという恐怖感を抱いていたため、「大和」は出し惜しみされ海戦で敗北を重ねていった。そして、すべてが絶望的な状況に陥ると、「大和」でさえ沈めても構わないという極端な作戦を立てた。

　一夜明ければ、「大和」を旗艦とする第一遊撃部隊（司令長官・伊藤整一中将）は、米軍との激闘が展開されている沖縄に向かって出撃していく。そして沖縄の浜辺に艦をのし上げ、その四十六センチの巨砲をひたすら敵米軍に向けて撃ちまくる。その一発で一個大隊を吹き飛ばせるはずである。さらに余力があれば乗組員は陸に上がり、小銃をもって敵陣に突撃する——という作戦になってい

る。

宴は、その出撃の祝いのはずなのだが、誰一人この作戦を実行できると思っている者はいなかった。直衛の護衛機を一機ももたない「大和」隊が、米軍の大機動部隊（空母部隊）が群れをなす沖縄へ向かうなど、まったくの自殺行為でしかないからだ。

連合艦隊司令長官・豊田副武大将。45年5月には軍令部総長となり、海軍の最高責任者として終戦の局面を迎える。

豊田副武《とよだそえむ》連合艦隊司令長官は、この十隻の艦隊を「海上特攻隊」と名づけた。特攻、すなわち生還することを考えず、ただただ突撃し、死んでいくということである。

それにしても、このような無謀としかいえない行為が、なぜ作戦として認められたのだろうか。

前年の昭和十九年十月、フィリピンのレイテ沖海戦で連合艦隊はマリアナ沖海戦に続いてまたも惨敗を喫し、空母兵力はすでに壊滅していた。空母部隊だけではなく、主要艦艇の大部分も失い、行動可能な艦は第一遊撃部隊の十隻の他はわずかしか残っていなかった。

レイテ沖で日本艦隊を撃破したマッカーサー元帥率いる米軍は、レイテ島をやすやすと奪還し、十一月末にはレイテ作戦を終え、続けてフィリピンの首都マニラのあるルソン島も奪還に成功した。

一方、ニミッツ元帥指揮下の米太平洋方面軍は、昭和二十年二月十六日から硫黄島攻略を開始した。戦闘は激烈をきわめたが、三月末には同島の完全占領に成功した。こうして二方面から日本本土攻略をめざす連合軍は、その前進基地を確保するため、満を持して沖縄に襲いかかったのである。

硫黄島南端の摺鉢山を占領し、星条旗を立てる米海兵隊員。この写真の撮影後に戦死した者もいるが、母国に生還した者は英雄として迎えられた。だが、戦場に散った戦友を思うと、英雄視されることは心の重荷にもなったという。

三月二十三日、沖縄本島西側の沖合に、八個の機動部隊を主力とする千三百隻の米艦船群が姿を現した。そして四月一日、沖縄本島への上陸を開始した。

この米艦船群に対して、日本の連合艦隊には反撃する術《すべ》がなかった。まともに動ける艦は前記のように数えるほどで、燃料の重油もほとんど底をついている。そこで九州・四国などの基地航空隊による攻撃を実施することにした。四月七日に実施予定の「菊水作戦」であった。五百機を超える陸海軍機を基地から飛ばし、沖縄近海の米艦船群に体当たりさせるという特攻作戦である。その一環として、大和隊も沖縄に突入することになったのである。

　彼ら海上特攻隊の真の任務は、敵の攻撃をわが身に集中させ、基地航空隊の特攻を行いやすくさせることだったのだ。先に述べた「沖縄に艦を乗り上げて……」というのは、表向きの空疎な作戦でしかない。

　第一遊撃隊の伊藤整一司令長官は、こうした海上特攻の命令を伝えられて、強く反対した。

「あまりにも非常識すぎる。『大和』以下十隻の艦と乗組員七千名を無駄死にさせるだけだ」

　しかし、連合艦隊の草鹿龍之介参謀長が、伊藤説得のため徳山までやって来て、最後の切り札を口にした。

「一億特攻のさきがけとなってほしいのです」

　伊藤長官は、「そうか、それならわかった」とついに了承したという。そして第二艦隊旗艦「大和」が沈没するときまで、黙々とその任務に就《つ》いたのであった。

巨艦「大和」撃沈の夜に鈴木新内閣発足

四月六日午後四時、大和隊は碇《いかり》を上げて三田尻沖から出撃した。艦隊は「大和」を中心に輪形陣をつくり、豊後水道を通って鹿児島沖に出ると、いったん西に針路を変えた。佐世保へ向かうと米軍側に思わせるためであった。ところが大和隊は日没前には米潜水艦二隻に発見され、スプルーアンス大将の第五艦隊司令部に通報されていた。

ただちに第五艦隊司令部からミッチャー中将の第五十八機動部隊に攻撃命令が飛んだ。ミッチャーは艦隊を北方に向けた。そして夜が明けた四月七日午前八時十五分、ミッチャーの索敵《さくてき》機は日本の海上特攻隊を発見した。

午前十時、ミッチャー中将は第一次攻撃隊約二百機を発進させた。そうして午後十二時三十分過ぎ、米攻撃隊は大和隊を捉え、戦闘を開始した。

護衛の駆逐隊とともに「大和」は必死の回避運動を行いながら、約百五十門の高角砲と機銃で敵機を迎え撃った。しかし米攻撃隊はこれをものともせず、爆弾二発、魚雷一本を命中させて立ち去った。

午後一時三十分ごろ、第二波約百三十機がやってきた。「大和」は先ほど雷撃された同

護衛機をもたない「大和」に米艦載機は執拗な攻撃を加える。

じ左舷を狙われ、五本の魚雷をぶちこまれた。そして速力がしだいに低下し、十八ノット（約三十三キロ）に下がる。

その後も「大和」は徹底的な雷撃・爆撃を食らい、午後二時十五分、ついに十発目の魚雷が左舷中部に命中した。これが致命傷となった。

燃え上がる「大和」は左舷に傾いて、大爆発を起こした。火柱と黒煙が天を覆う。そして午後二時二十三分、その巨体は海中に沈んでいった。伊藤整一長官、有賀幸作艦長をはじめ、約二千五百名が「大和」と運命をともにした。軽巡「矢矧」、駆逐艦四隻も「大和」の後を追った。

誰もが予想していたとおり、大和隊の沖縄突入は失敗した。連合艦隊の戦闘行動も、こ

4月7日午後2時23分、「大和」は大爆発を起こして九州坊ノ岬沖に沈んだ。出撃後、丸1日も経っていなかった。

れで終わりを告げたのである。

一方、同じ日四月七日、基地航空隊も大規模な特攻攻撃を敢行していた。米軍記録によれば駆逐艦三隻、輸送船三隻を撃沈し、護衛空母一隻、駆逐艦十五隻を撃破するという戦果を挙げていた。

連合艦隊司令部は、「第二艦隊（海上特攻隊）の犠牲的勇戦により、我が菊水特攻機の戦果大いに挙れり」という感状を下した。しかし感状を受領すべき部隊と指揮官は、もはやこの世にはいなかった。

戦後、この「大和特攻」を命じた連合艦隊司令長官の豊田副武大将は、頼りない感想を残している。

「私は、成功率は五〇％はないだろう、五分々々の勝算は難かしい、成功の算絶無だとは勿論考えないが、うまくいったら寧《むし》ろ奇蹟だ、という位に判断したのだけれど、急迫した当時の戦局において、まだ働けるものを使わずに残しておき、現地における将兵を見殺しにするということは、どうしても忍び得ない。かと言って勝目のない作戦をして追っ駈けに大きな犠牲を払うということも大変な苦痛だ。しかし、多少でも成功の算があれば、出来ることは何でもしなければならぬという心持で決断したのだが、私としては随分苦しい思いをしたものだった。（略）

今日第三者からは、随分馬鹿げた暴戦だ、むしろ罪悪だとまで冷評を受けているが、当時の私としては、こうするより外に仕方がなかったのだと言う以外に弁解はしたくない……」（柳澤健『最後の帝国海軍』所収、昭和二十五年刊）

日本海軍のシンボル、戦艦「大和」の悲報は、生き残った駆逐艦から大本営に打電され、新政権発足直前の鈴木貫太郎大将と大臣就任予定者たちにも伝えられた。その鈴木内閣の親任式は、「大和」撃沈の夜、午後十時半から皇居で行われた。沈鬱な新内閣のスタートであった。

第Ⅲ章

和平か本土決戦か

ソ連軍によって占領されたベルリンのブランデンブルク門の前で、
虚脱した様子で手当てを待つ人々。

1945年5月2日、ヨーロッパ戦線では
ナチス・ドイツが連合軍に降伏した。
日本政府はそれでも戦争続行を宣言するが、
ようやくソ連を仲介とした和平工作に動き出す。

ナチス・ドイツの崩壊で米英への和平仲介をソ連に託す日本政府

スターリンを「西郷隆盛に似ている」という鈴木首相の国際感覚

ルーズベルトの死去でトルーマンが大統領に

難航した後継首班騒ぎも鈴木貫太郎海軍大将が引き受けたことで、日本の政局もやっと形を整えた。ところがこのとき、太平洋を挟んだ敵国アメリカでも政権の交代が行われた。鈴木内閣が誕生した五日後の一九四五年四月十二日、第三十二代大統領フランクリン・D・ルーズベルトが死去し、副大統領のハリー・S・トルーマンが第三十三代大統領に昇格したのである。

トルーマンは翌四月十三日に閣僚会議を開き、ルーズベルト政権からの継続性を訴え、同時に閣僚の留任を要請した。軍の最高ポストであるスチムソン陸軍長官とフォレスタル海軍長官の留任も要請した。この席でスチムソンは、トルーマン新大統領に「信じられないほどの破壊力をもった新型爆弾を開発しています」と、さりげなく告げて席を立った。

副大統領だったトルーマンには、原子爆弾の開発が進められていることは知らせていなかったからである。

こうして太平洋で相対峙する日米両国の首脳が、軌を一にして交代した。だが、この二人の指導者には、まもなく正反対の結果が待ち受ける。トルーマンには「勝者」の栄光が、一方の鈴木には「敗者」の苦渋である。そのトルーマンは四月十六日に上下両院合同会議で、大統領として初めての演説を行い、交戦国の日本に対して「われわれの要求は、過去においても、そして現在においても無条件降伏である」と宣言した。

ルーズベルト大統領の死去で、急遽大統領就任式に臨み、宣誓するトルーマン副大統領。律義で実直な実務派であるトルーマンは、もともと一介の上院議員にすぎず外交知識がほとんどなかったため、基本的にルーズベルトの政策を継承した。

すでにこのときドイツの崩壊は時間の問題となっており、アメリカの国務省と軍の統合参謀本部は残る日本を無条件降伏させるにはどうしたらいいか、その具体的検討に入っていた。国務省では一九四四年十二月に国務次官に任命されたジョセフ・C・グルーを中心に、日本が降伏を受け入れやすくするために無条件降伏の内容を緩和すべきであると行動していた。グルーは一九三二年から日米開戦の四一年十二月までの十年間駐日大使だった知日・親日派で、寛容平和主義者の代表格だった。

一方、統合参謀本部はトルーマンが大統領に就任した直後の四月二十五日、九州上陸作戦の「オリンピック作戦」を正式に決定した。上陸日は一九四五年十一月一日、最高司令官にはダグラス・マッカーサー元帥が任命された。

ドイツ降伏、ヒトラー自殺でも戦争続行を宣言する日本

トルーマンが上下両院合同会議の初演説で日本に無条件降伏を要求した四月十六日の早暁、オーデル川を渡っていた二百五十万のソ連軍は、ドイツの首都ベルリンに向かって最後の進撃を開始した。二万三千門の大砲が一斉に咆哮し、二十一日にはソ連軍最初の砲弾がベルリン市へ撃ち込まれ、二十六日にはベルリンはソ連軍に完全包囲された。市内ではヒトラー・ユーゲント(ナチス青年団)やドイツ少女連盟、国民突撃隊の老兵など、形だけの三十個師団が迎撃したが、敗北は明らかだった。

西部戦線でもドイツ軍は苦戦を強いられており、米英軍もベルリンに向かって進撃を開

始していた。ソ連軍は四月二十七日から総攻撃を始め、二十八日は休息して二十九日から攻撃を再開した。この日、エルベ河畔ではソ連軍と米英の連合軍が手を握り、ベルリン攻略を完全なものにした。

ベルリン市内は砲煙と倒壊するビルの埃に覆われ、瓦礫《がれき》の巷《ちまた》と化していた。その翌四月三十日、ヒトラーは大本営の地下壕のなかで愛人のエヴァと正式に結婚し、その直後に二人は自殺をした。

もう一人の独裁者、イタリアのムッソリーニは二日前の四月二十八日にパルチザンに捕らえられ、銃殺されたうえ、ミラノ市で情婦のクララ・ペタッチとともに逆さ吊りにされていた。

五月二日、七万を数えたベルリン防衛軍はソ連軍の猛攻の前に刀折れ、矢が尽きて投降した。西部戦線でも各地でドイツ軍は次々投降し、五月五日には海軍も降伏してドイツ軍の抵抗は止んだ。

ヒトラーは自殺の直前に、総統と首相の地位を海軍元帥のデーニッツへ譲っていた。そのデーニッツは総統就任と同時に連合国側と降伏交渉を開始していた。そして五月七日、デーニッツの政府は連合軍のアイゼンハワー司令官の要求に応じて無条件降伏を受け入れた（発効は九日午前零時一分から）。次いで五月九日、ベルリンで二回目の降伏調印式が

ベルリンに掲げられたソ連国旗。ソ連軍は5月1日に市街中心部の国会議事堂を占領した。ドイツの守備隊は翌2日にソ連軍に降伏した。

行われた。九日の調印式にはソ連軍の連絡部隊司令官も同席していたのだが、首都ベルリンを陥落させたソ連軍のメンツにかけて、スターリン首相が強引にセットしたセレモニーだった。

　こうしてドイツは降伏した。日本政府の閣僚のなかには、このドイツの降伏を機に日本も戦争を終結させるべきであると考える者もいた。和平派の東郷茂徳外相もその一人で、その著『時代の一面』に書いている。

「ドイツの崩壊に伴って米英の攻撃が日本に集中するのみならず、ソ連が東方に進出する可能性が激増したので、国際関係の全局に付き検討を加えることが必要となったが、わが方戦局は沖縄方面の敗北も明らかとなり、頽勢《たいせい》の挽回はとうてい望み得ざるところであったから、自分はドイツ崩壊の機会において、わが方がなお幾分かなりと余力を有する間に戦局を収拾するように誘導し、上下各方面にその気運を醸成するに努めた。即ち四月半ば以来、ドイツ状勢の悪化激増に伴ってその事情を陛下にも説明申しあぐるとともに、わが方に対する空襲も激化してくるので、戦争は急速に終結するを得策とする状況にありと申し上げた。陛下は『戦争が早く済むといいね』とのお言葉であった」（一部現代仮名遣いに直す）

農相の石黒忠篤《いしぐろただあつ》も和平のときと考えた。

「ドイツが降伏した以上、われわれとしては束縛されることはどこにもない。それ故にここで和議を申し込んでも少しも差し支えないがどうだろうと考え、一、二の者に話したことがあるが、それに対しては時期でないというので、閣議はなんらの議論もなくすんだ」（『農政落葉籠』）

情報局総裁の下村宏（海南）国務相も書き残している。

「我が敗戦の運命はここに絶対的不動となった。すべては時の問題であり、いつ如何《いか》にしてこれを収拾すべきか、今後如何にして時局を収拾するチャンスが有りうるか、またこれを捕らえうるか。我らは沖縄ではせめてどこかで部分的でもよい、どうか勝ちいくさをと日夜心待ちに待っているばかりであった」（『終戦記』）

しかし、ドイツの敗北を機に和平をというのは少数派で、軍部の大半は戦争続行だった。日本政府も五月九日の臨時閣議で決定したドイツ崩壊に対する「帝国政府声明」で、戦争の続行を宣言した。

「帝国と盟を一にするドイツの降伏は、帝国の衷心より遺憾とするところなり。帝国の戦争目的は固《もと》よりその自存と自衛とに存す。これ帝国の不動の信念にして欧州戦局の急変は帝国の戦争目的に寸毫《すんごう》の変化を与えるものに非ず。帝国は東亜の盟邦と共に東亜を自己の恣《し》意《い》と暴力との下に蹂躙《じゅうりん》せんとする米英の非望に対しあくまでもこれを破摧《はさい》し、以て東亜の安定を確保せんことを期す」

対ソ工作開始を決めた最高戦争指導会議首脳

しかし、強気な声明を発表する一方で、和平＝終戦に向けての動きも徐々にだが強まっていた。沖縄戦は戦闘開始から一カ月が過ぎて今や絶望的だし、北方ではドイツの降服を受けて、ソ連がヨーロッパ戦線の戦力を徐々に極東に回し始めている。戦争続行に強気の軍部だが、そのソ連軍の極東増強が現実のものとなったのを知るや、急に「対ソ外交」「対ソ外交」と言い出した。

すなわち東郷外相に対して河辺虎四郎参謀次長が、ソ連に対日参戦をさせないための工作を開始してほしいと懇請してきた。続いて海軍の小沢治三郎軍令部次長、梅津参謀総長も同じような申し出をしてきたのである。

ヤルタに会した米英ソ3巨頭。左よりチャーチル、ルーズベルト、スターリン。ヤルタ会談は主にヨーロッパの問題が議題となったが、ソ連の対日参戦の密約も交わされた。参戦の見返りとして、ソ連による南樺太と千島列島の領有が認められた。

「なんだ軍は、悪化してくる戦勢の尻をわれわれにもってくるのか」

と外務省側は憤慨した。

しかし、軍の要求をはねつけるわけにはいかず、五月十一、十二、十四日の三日間にわたって、最初の最高戦争指導会議構成員会議が開催された。

東郷外相は、二月十日にヤルタで開かれた米英ソ首脳の会談で、必ずや対日問題も話し合われたに相違ないから、もはやソ連を日本側に引きつけることは難しいと思うと発言した（ヤルタ会談でスターリンは対日参戦を正式に約束していた）。

これに対して陸軍側はソ連の参戦防止について方策を講ずる必要があると述べ、米内海相は「ソ連の好意的態度を誘致して石油などを購入しうれば好都合である」といった、のんきな発言をした。

東郷外相は断じた。

「今頃になってソ連の重要軍事資材を利用するとか、好意ある態度に誘致するとか言ってもさらに手遅れである」

とはいえ、東郷自身もソ連の参戦防止には努力しなければならないと思った。そして鈴木首相からは「先方の好意的態度を探ってみるのもよいことではないか」との発言もあり、次の三点を目標に日ソの話し合いを開始することが決定された。

一、ソ連を対日参戦せしめないこと。

二、ソ連をなるべく好意的態度に誘致すること。

三、和平に導くこと。

第三の和平に導く方法として中国、スイス、スウェーデン、バチカンなどを仲介とする場合を検討したが、いずれも米英からは無条件降伏という回答以上のものは得られないであろうということで意見が一致した。そのとき梅津参謀総長から提議があった。

「米英に対して、わがほうに相当有利な条件をもって仲介しうるのは、ソ連以外にないだろうな」

阿南陸相も同調した。

「戦後、ソ連は必ずアメリカと対立する関係になることを承知しており、日本をあまり弱化させることは好まないだろうから、相当余裕ある態度に出ることが予想される」

これに対し東郷外相は、ソ連の行動は常に現実的で辛辣《しんらつ》であるから、この点も安心はできないと感想を漏らした。この陸軍二首脳と外相の対立を引き取るように鈴木首相が口を開いた。

「スターリン首相の人柄は西郷南洲（隆盛）と似たところがあるようだし、悪くはしないような感じがするから、和平の仲介もソ連にもち込むことにしたらいいだろう」

東郷は、そんな日本式の考え方は危険であると意見を述べたが、無条件降伏以上の日本に有利な講和にもって行ってもらう国があるとすれば、それはソ連であろうという考えはもっていた。

結局、会議の結論は鈴木首相の主張どおり、ソ連を仲介として和平工作を開始することになった。その代償として、日本は日露戦争を終結したポーツマス条約と日ソ基本条約を破棄して、おおよそ日露戦争以前の状況に復帰させることにした。すなわち、樺太南部をソ連に返し、満州の鉄道権益も渡す。そして南満州は中立地帯とするといったことが決められた。

この構成員会議の内容は極秘にされた。「戦争の終結」といったことが表に出れば、軍部の中堅層が騒ぎ出すことは必定だったからである。

ソ連側にもてあそばれた広田・マリク会談

東郷外相はソ連という国をあまり信用していなかったし、すでに対ソ交渉は手遅れであると判断していたが、もしかしたら誠意をもってあたれば道が開けるかもしれないと思い、まずは非公式にソ連の意図を打診してみようと考えた。東郷はその打診役を外務官僚の先輩である広田弘毅元首相に頼んだ。広田は快諾し、駐日ソ連大使のヤコブ・A・マリク大使に連絡を取り、箱根の強羅で内密に会う約束を取り付けた。

ところが五月二十四日の未明と二十五日の夜にもそれぞれ五百機を超えるB29が来襲、東京が大空襲にさらされたことなどもあり、会見日時の決定が遅れてしまった。空襲は永田町から霞ヶ関一帯をはじめ山の手地区をも焼き払い、三宅坂の参謀本部も燃えてしまった。炎は折からの強風にあおられてお濠を越え、宮城（皇居）内に飛んだ。そして正殿をはじめ表宮殿のほとんどが消失した。

首相官邸の防空壕で「宮城炎上」の報告を受けた鈴木首相は、官邸の屋上に上り、長い時間背中を曲げて燃える宮城を凝視していた。傍らに立っていた迫水書記官長は、総理が目頭をぬぐっているのを見た。のちに迫水は「このとき鈴木総理は当時進行していた和平への道を一日も早く達成しなければならないと胸底深く誓ったにちがいない」と推測している。

5月25日の空襲で焼けた皇居の一部。この日の空襲で、東京で焼け残っていた西部、北部、中央部が焦土となった。東京駅、乃木神社、海軍省、陸相官邸、三笠宮邸、大宮御所、鈴木首相夫妻が起居する日本式公邸などが炎上した。

　夜が明けた二十六日早朝、「まだ赤黒い焔が見える宮城に向かって、お濠の前に立ちつくす和服姿の老人がいた。宮城を拝してハラハラと涙を流していつまでも動こうとしない。米内海相の姿であった」（勝田龍夫『重臣たちの昭和史』）といい、迫水書記官長と同じく、勝田は米内が「皇居炎上を目の前にして、自分から終戦の口切りをする決意を固めたらしい」と続けている。

勝田の記述を裏付けるかのように、米内海相は五月三十日の重臣会議で突然、和平に対する重臣たちの意見を求めた。しかし、重臣たちは東條元首相も出席していたこともあってか、明快な意見を述べる者はいなかった。前出の『重臣たちの昭和史』によれば、会議のあと東條は顔色を変えて陸軍省に行き、「今日の海相および外相の話を聞くと、今にも降伏しそうだが、陸軍はしっかりしてもらわねば困る」と阿南陸相を督励したという。

空襲の混乱も一段落した六月一日、東郷外相は佐藤尚武駐ソ大使に日ソ友好の強化を交渉するよう訓令を発し、国内では、六月三日に広田元首相とマリク・ソ連大使との会談が行われた。マリク大使が空襲の避難をかねて箱根の強羅ホテルに滞在しているのを知り、広田が「散歩のついで」と称して訪ねたのだった。そして翌四日はマリクが広田を食事に招待する形で再び会見が行われた。

この二日間、両者は抽象的ながら日ソ友好関係の増進について話し合った。そして広田は、日ソ中立条約はあと一年で期限満了となるが、さらに相当長期間にわたって平和関係が持続できるような方途をたてたいと述べ、わがほうとしては条約締結といった形式にはとらわれないと付け加えた。

マリクは、それは広田の私見なのか、それとも日本政府の意向なのかと聞いてきた。広田は言った。

「これは日本政府と国民の意向であると了解していただいて結構です」

マリクは、日本側の意向は承知したので、とくと研究して私見を述べたいと答えたのに対し、広田はソ連側の早急な回答を要望した。

一方、東郷外相から日ソ友好を強化するよう訓令を受けた佐藤尚武駐ソ大使は、六月八日、モスクワ発で東郷外相に報告電を打った。日ソ友好強化は絶望的で、戦局の発展いかんによってはそれさえ困難になることを覚悟しておかなければならない。それどころかソ連はわが弱みにつけ込み、豹変して武力干渉さえ辞さぬ決意を示したとしても、わがほうとしてはいかんともしがたい——というものだった。

日本の対ソ終戦工作の窓口となったマリク駐日大使。

強羅会談以来十数日が過ぎた。マリク大使からの返事はない。そこで広田は六月十七日にマリクを食事に招待した。しかし、マリクは断ってきた。

東郷外相は再三にわたって広田を急《せ》かせた。そこでやっと三回目の会談が六月二十四日に実現した。しかしマリクは「日本側の具体的な態度がわからない」と言葉を濁すだけで、話はいっこうに進展しなかった。

広田は六月二十九日にもマリクに会い、日本政府の意向を伝えた。マリクは本国政府に取り次ぐと言い、本国から回答ありしだい広田に連絡することを約束した。だが、マリクからの連絡は来なかった。広田は再三再四、会見を申し入れたが、マリクは「病気」と称して会おうとはせず、連絡はとぎれてしまった。

このマリク大使の態度は、彼の個人的判断で行ったものではもちろんない。戦後にわかった記録によれば、マリク大使の行動は、「適当に日本側を泳がせておけ」というクレムリンの指示によったものだった。

昭和天皇の意向で決められた和平工作開始

沖縄玉砕の日に開かれた天皇の「懇談会」で、陸軍の「一撃後和平論」封じられる

本土決戦を決定した御前会議で東郷外相、対ソ交渉に懸念表明

広田・マリク会談が行われている最中の昭和二十年六月六日、最高戦争指導会議が開かれた。東郷茂徳外相には事前にはなんら連絡がなく、突然の開催通知だった。会議では本土決戦を主軸とする「今後採《と》るべき戦争指導の基本大綱」案が採択され、八日の御前会議で決定された。

基本大綱は戦争の目的を「国体を護持し皇土を保衛」することに置き、その目的を達成するために「速やかに皇土戦場態勢を強化し、皇軍の主戦力を之に集中」するとした。すなわち、天皇制を護るために本土決戦を決行するとしたのである。同時に対ソ工作を活発強力に行って、戦争遂行を有利にすると謳った。

この基本大綱を決めた六日の最高戦争指導会議では、東郷外相は大変不機嫌だった。そ

軍事訓練で鉄砲を担いで行進する女子学生。国民を総動員して、本土決戦に備えていた。

れは会議を進行する幹事（総合計画局長官秋永月三陸軍中将、迫水久常内閣書記官長）が、東郷に何の相談もなしに国際事情まで説明したからだった。事実、会議には資料として「国力の現状」及び「世界情勢判断」が配布されていた。

海相の米内光政大将の指示で密かに終戦の手段を研究していた高木惣吉海軍少将の『終戦覚書』によれば、六月六日の最高戦争指導会議は、九日に開会される臨時議会で公表を余儀なくされる政府の戦争遂行の腹案を決める、というのが表面上の理由だったという。しかし実際の狙いは「国民の戦意をたかめるという名目を使って、本土決戦にむりやり引きずっていこうという謀略的なものであった。

だから事前に外相に知らせなかったのは当然のことだ」という。

東郷外相の不機嫌は六月八日の御前会議まで続いていたのか、本土決戦を有利に進めるために強力な対ソ交渉をやれという軍人メンバーに対し、しっぺ返しとも思える痛烈な意見を述べた。

「ソ連の対日動向に関連してでございますが、ソ連は昨年十一月スターリンが日本を侵略国と呼び、本年四月五日に至り中立条約の継続を不可能なりと通告し来れる以後は、事実上は帝国に対し何時にても敵対関係に入り得る態勢を整へ来ったのでございます。

元来、戦時においては外交は軍事と表裏一体をなすものでありまして、外交は戦局の進展により多大の影響を受けますのみならず、外交交渉の成否もこれによるところ大なる次第でありまするから、ソ連をして中立を守り通せしめ得るや否やも究極において戦局の推移に左右せられるところが少なくないのでございます。

しかるに近来ソ連は、日本がついには米国の軍事力に圧倒せらるる可能性大なりと見ている模様でありますから、ソ連をして中立を維持せしむるための外交はきわめて困難であると申さねばなりませぬが、帝国が米英と死力を決して戦いおる今日、ソ連の参戦を見るがごとき場合には我が死命を制せらるる次第でありまするから、外交当局としてはソ連をして中立を維持せしむるため万般の努力を払っておる次第でございます。

ただし右様な次第でございますから、厳正中立以上に我が方に好意的なる態度を執らしむるがごときことは、戦局の推移格段に帝国に有利とならざる限りほとんど不可能と申すくらい至難でございますから、この種好意的態度を見越して指導方針を決定するがごときは厳に慎むべきことと考えらるる次第でございます」

六月八日のこのとき、沖縄の日本軍は南部島尻に追い詰められており、全滅は時間の問題になっている。御前会議に出席している陸海軍大臣や参謀総長（この日は河辺次長が代理）、軍令部総長など軍首脳は、この東郷の発言をいかに聞いたのだろうか。東郷外相は、戦局が好転しなければ対ソ工作など成功しないと断定したのである。

ドイツを降伏させたソ連について、日本国内では好意的な見方があった。『アサヒグラフ』昭和20年6月15日号では、「働くソ連の女性」として特集を組み、ソ連がドイツに勝った要因として、「女子の献身的祖国愛も見逃すことのできぬ一事である」としている。また、ソ連が欧州を制覇しつつあるとして、「東亜の問題に介入せず、専ら対独の一正面作戦に専念した賢明によること大なるは勿論である」と評価している。

天皇の特使をソ連に派遣する案に「ひとつ、やってみよ」

この御前会議で天皇は一言の質問も発しなかった。そして会議終了後、木戸幸一内大臣を呼んだ。机を挟んで座った木戸に、陛下は「こういうことが決まったよ」と言いながら、ひょいと書類を木戸の前に出した。これまでに一度もなかった異例のことだった。

読むと「主敵米に対する戦争の遂行を主眼とし……」といった強い文字が並んでいる。木戸は鈴木が内閣を組織するとき「重大なこと（和平）をやっていただかねばなりませんよ」と言った。だから鈴木内閣は当然その方向へ行くと思っていたのだが、これじゃまるで逆だと思った。

木戸は、天皇が言外に「えらい強いことが出てきたよ」と言ったものと受けとめた。いつもは見せたことのない御前会議の書類を見せたのは、無言のうちに「困ったことになった」と言いたいのだなと推測し、その日のうちに時局収拾試案――ソ連を仲介とする独自の和平案の起草に着手した。

『木戸幸一日記』に全文が収録されているが、試案のポイントは天皇の親書を携えた特使をソ連に送り、対米英との仲介を依頼する、和平の最低条件は国体の護持と皇室の安泰にあるというものであった。木戸は特使には元首相の近衛文麿を考えていた。

翌六月九日、木戸は外務、陸軍、海軍に試案を説明する一方、天皇にも言上した。天皇はタイプされた試案を熱心に読んだあと、「ひとつ、やってみよ」という意味のことを言った。

鈴木首相、米内海相、東郷外相らは木戸試案に全面的に賛成した。問題は本土決戦派の阿南陸相をどう説得するかだ。

六月十八日、その阿南陸相が木戸の部屋にひょっこり現れた。そして開口一番、言った。

「あんた、内大臣を辞めるという噂があるが本当か？　辞めたらいかんよ」

木戸はすかさず言った。

「いや、私がこれから言おうとしていることを聞いたら、あんたは私に内大臣を辞めろ、と言うかもしれんよ」

阿南が「いったいなんだ」と言うので、木戸はおもむろに試案の件を切り出した。

「阿南君、あんたいったい戦争をどう思っている。もう本当にいかんのではないか？」

木戸はそう言いながら、タイプした試案を阿南に見せた。その試案を読む阿南をのぞき込みながら、木戸は「実はこれ、陛下もご承知なんだ」とつぶやいた。

「ごもっともだ。しかし水際でいっぺん叩《たた》いてからのほうが有利な話ができるんではないかな」

「そうは思わん、いっぺん叩いても、アメリカは二回、三回と来るだけの力をもっている。上陸作戦の展開が終わったらいけない。その前にやらねばいけないから、とにかく考えてくれ」

「それはわかっている。なんとか考えよう」

阿南は意外とも思える素直さで、木戸の申し入れを了承した。そして阿南は、急に思い立ったように「その問題かな、総理から今夜呼ばれているのは……」と言い、部屋を出て行った。

のちに木戸は読売新聞の記者に「ともかく気の重いことが、こんな調子でうまくすんでホッとしたが、うまくゆく時はこんなもんだよ」

（読売新聞社編『昭和史の天皇』②）と語っている。

陸軍大臣・阿南惟幾大将。陸軍の代表として、戦争継続を主張する。鈴木貫太郎が侍従長を務めていたのと同じ時期に、阿南も4年間侍従武官長として天皇に仕えていた。

ようやく和平、終戦へと舵を切った軍政首脳

昭和二十年六月十四日付の『尾形健一侍従武官日記』によれば、その日午前中の外交進講が中止された。天皇の気分がすぐれなかったためである。それでも天皇・皇后両陛下は大宮御所へ貞明皇太后の戦災見舞いに予定どおり出掛けたが、夕方からまた体調が崩れ、翌十五日は床についたままとなった。

天皇の心身を打ちのめしたものがなんであったかを正確に知ることはできないが、六月九日、十二日に行われた梅津参謀総長と長谷川清海軍大将の上奏で、本土決戦に向かって進む日本の国力と戦備が絶望的なものであることを知ったのと関係があるのかもしれない。

天皇は梅津参謀総長に「それでは本土決戦など成らぬではないか」と、声をふり絞って反問したが、長谷川大将に向かっては、

「そんなことであろうかと想像はしていた。お前の説明でよくわかった」

と、力なくうなずいた。

そのうえ六月十三日には、木戸内大臣から大本営の松代移転計画が報告された。

前年の昭和十九年秋から、陸軍は天皇にも知らせることなく、秘密裏に長野県松代（現・

長野市）の山中に本土決戦用の地下大本営の建設を進めていた。そのころすでに天皇の御座所もほぼ完成し、装甲車を改造した御召車も試作されていた。その噂を聞きつけた木戸が、陸軍から構想の詳細を糾《ただ》して天皇に報告すると、

「私は行かないよ」

と、体を震わせて激怒したという。天皇の体調が崩れたのは、その翌日である。

阿南陸相が木戸内大臣の部屋を訪れて木戸試案を了承した六月十八日、最高戦争指導会議構成員会議が開かれた。そしてほぼ木戸試案を取り入れた形で、和平交渉に入ることで意見が一致した。東郷外相は『時代の一面』に記している。

陸軍参謀総長・梅津美治郎大将。戦争継続、徹底抗戦を主張した。

「日本としては米英が無条件降伏の主張を固守する場合、戦争の継続はいたし方ないが、われに相当の戦力ある間に、少なくとも国体護持を包含する和平をなすことが適当である。また九月末ごろまでに戦争の終末を見得れば最も好都合であるから、ソ連の態度を七月上旬までに偵察した上、可成速《すみやか》に戦争終結の方途を講ずることに大体意見が一致した」

六月二十日。十八日の構成員会議の結果について、東郷外相が上奏した。天皇は「右は戦争終結の関係上

長野県松代に造られた半地下式仮皇居。左が皇后棟、右が天皇棟。現在、気象庁の地震観測所になっている。

まことに結構な措置と思う。戦争については最近参謀総長、軍令部総長及び長谷川大将の報告によると、支那及び日本内地の作戦準備が不十分であることが明らかになったから、なるべく速やかにこれを終結せしむることが得策である。されば甚だ困難なることとは考えるけれど、なるべく速やかに戦争を終結することに取り運ぶよう希望する」と述べた。

しかし、これに先立って木戸内大臣は天皇に拝謁し、構成員会議の模様を話して、戦争続行を決めた六月八日の御前会議の決定にとらわれない新決定を行うため、構成員会議を天皇が召集するという異例の措置を奏上した。

細川護貞の六月二十一日付『細川日記』によれば、六月八日の御前会議終了後、天皇は木戸内大臣に向かって「皆誰か言い出すのを待っているようだ」と洩らし、木戸は、「陛下の御勇断を」と促したという。

その天皇の〝勇断〟を最終的に促したものは、天皇自身の言葉のなかにもあるように、本土決戦に向かおうとする日本の国力と戦備の惨憺たる実状であった。

本土決戦のための作戦準備が開始されたのは、硫黄島をめぐって死闘が展開されていた昭和二十年二、三月ころからである。以後、老兵や未教育の虚弱者までを駆り集めて新たに四十五個師団と多くの独立部隊が編成された。六月ごろには内地の陸軍兵力は二百二十五万人、これに海軍関係の軍人・軍属、在郷軍人で編成する特設警備隊、さらに一般人からなる国民義勇戦闘隊を加えて三千万人を越える兵力が動員可能とされていた。

竹槍訓練の様子。麦わらで作った標的を「鬼畜米英」兵に見立てて突撃する。

だが、装備は対戦車砲を含めて火砲の不足がいちじるしく、正規軍に銃剣や小銃さえ行き渡らない始末だった。国民義勇戦闘隊にいたっては、さらにムチャクチャであった。小銃は火薬を包んだ小さな袋を筒先から込め、その上に鉄の丸棒を輪切りにした弾丸を込めるという前近代的なシロモノだった。その他の武器といえば弓に竹槍で、弓には「通常命中率五十％」と添え書きがしてあった。

首相官邸で陸軍が行った義勇戦闘隊用の武器の展示を見て、開いた口がふさがらなかったと、鈴木首相は後に述べている。

異例、天皇主催の「懇談会」でソ連仲介の和平交渉開始を決定

昭和二十年六月二十二日午後三時、宮内省第二期庁舎内の御座所で、最高戦争指導会議構成員六名による御前会議が開かれた。いや「懇談会」が開かれた。この日の席順はいつもの御前会議と違い、陛下をU字型に囲んで行われた。このU字型には重大な意味があった。これは御前会議ではなく、ただの懇談会なのである。正式な御前会議の場合、憲法上から天皇がこうしろ、ああしろとは言えないからである。

会議は異例にも天皇の発言で始まった。

「先般（六月八日）の御前会議決定により、あくまで戦争を継続すべきはもっともなるも、また一面、時局収拾につき考慮することも必要なるべし、右の所見如何」

これは、天皇の命令ではなく懇談であるとの条件つきではあるが、徹底抗戦を確認した六月八日の御前会議の決定を白紙に戻し、一転して一八〇度、終戦に向けて方向転換する

ことを意味していた。

これに似た先例として、昭和十六年十月の東條内閣成立に際し、日米開戦の方向を決めた御前会議決定を再検討せよと天皇が命じた「白紙還元の御諚《ごじょう》」がある。しかしこれは東條首相への個人的指示として総帥部を拘束するものとは理解されず、また再検討の方向も明らかにされていない。さらに再検討の結果、内閣と総帥部が開戦を決定すると、天皇はなにも言わずに従った。

その天皇がこのときには、方向を明らかにして再検討を求めたのである。続いて天皇は、出席者の一人ひとりに質問した。

まず鈴木首相は、あくまで戦争完遂に努めるべきはもちろんであるが、これと並行して外交的な手を打つこともまた必要と考えると答え、米内海相は五月十一日以降の最高戦争指導会議構成員会議における対ソ交渉に関する討議の経過を報告した。

東郷外相はこれを補足するとともに、危険は大きいが手を打つとすればソ連を通じるほかになく、その場合にはソ連に対する代償及び講和条件については相当の覚悟が必要であろうと述べた。

梅津参謀総長は、和平の提唱は内外に及ぼす影響が大きいから、充分に事態を見定めたうえで慎重に措置する必要があると思うと述べたが、すかさず天皇は「慎重に措置するというのは敵に対しさらに一撃を加えたのちにというのではあるまいね」と追い討ちをかけた。

梅津は「そういう意味ではございません」と答え、次いで意見を求められた阿南陸相は「とくに申しあげることはありません」と簡単に答えたが、阿南陸相の〝一撃後和平論〟は、天皇と梅津とのやりとりによって封じ込められた形になったのである。

この時点で天皇が〝一撃後和平論〟、つまりは本土決戦論を封じ込め、基本的な方向づけを行ったことの意味は大きい。以後、ポツダム宣言発出、原爆投下、ソ連参戦と続く最後の局面で、争点を戦争継続か降伏かではなく、いかに降伏するかの次元に限定することになったからである。

十六万五千余の犠牲を出して沖縄戦は敗北に終わる

天皇のイニシアチブによる異例中の異例である〝懇談会〟が行われたこの日、沖縄の戦場では最期の時を迎えていた。

六月十八日、最後の掃討戦に入っていた米軍は、日本軍を島尻の摩文仁《まぶに》、真栄平《まえひら》の二つの戦場に追い詰めていた。そしてこの十八日、第三十二軍司令官牛島満中将は参謀本部の河辺虎四郎参謀次長と上級指揮官の安藤利吉第十方面軍司令官に訣別電報を送り、十九日に指揮下の全部隊に対して軍司令官としての指揮権放棄を宣言した。そして、今後は「各部隊は各局地における生存者中の上級者これを指揮し、最後まで敢闘して悠久の大義に生くべし」と命じた。すでに米軍は、牛島司令官らが立てこもる摩文仁洞窟司令部の東方一・五キロに戦車とともに迫っていた。

摩文仁丘陵の洞窟内で自決した牛島中将と長中将の墓標。現在、6月23日は沖縄県の慰霊の日として休日になっている。

六月二十日、摩文仁の洞窟司令部周辺は激しい攻撃を受け、二十一日には軍司令部洞窟の頂上から直接攻撃を受ける事態となった。

六月二十二日夜半、藤岡第六十二師団長と中島第六十三旅団長が参謀長以下首脳部とともに摩文仁高地で自決した。同じ日、独立混成第四十四旅団長は小部隊とともに斬り込みを敢行、戦死した。そして翌二十三日未明、洞窟司令部内で牛島軍司令官、長勇参謀長が自刃した。三十日、雨宮第二十四師団長も参謀長以下各参謀

生き残って傷の手当てを受ける少年と少女。

ともども宇《う》江《え》城《ぐすく》洞窟で自刃した。

日本国の最高首脳たちが、終戦への試みを始めてみようと意見を一つにしたとき、沖縄の戦いは終わった。ほぼ三カ月に及んだこの沖縄戦で、日本軍は約六万五千名が戦死し、住民十万名以上が死亡した。米軍の戦死者は一万二千二百八十一名であった。

第Ⅳ章

幻に終わった和平工作

「ダレス機関」との和平工作の舞台となったスイスの首都ベルン。噴水の上に熊が見えるが、ベルンの名称は「熊」を意味するドイツ語の「ベール」から来たといわれ、熊はベルンのシンボルとなっている。

戦争末期の和平工作は、
政府による対ソ交渉だけではなかった。
ヨーロッパでも、スイスやスウェーデンなどを
舞台としていくつかの和平工作が試みられたが、
残念ながら実を結ぶことはなかった。

米情報機関と和平交渉を進めた海軍駐在武官

アレン・ダレス（CIA初代長官）率いるOSSが本気で応じてきた日本との和平交渉

戦争末期のヨーロッパを舞台に和平を模索した日本人たち

日本政府が昭和二十年（一九四五）六月二十二日の御前会議で、ソ連を仲介とする米英との和平交渉に入ることを決めたとき、海外ではすでに何人もの日本人たちが米英と和平を結ぼうと独自に行動を起こしていた。

昭和二十年に入り日本本土はマリアナを基地とする米軍のB29長距離爆撃機の空襲にさらされ、日本の敗色は誰の目にも明らかになりつつあった。そして連合国に対する和平工作が活発化したのもこのころからだった。それら和平工作の中で知られているものに「ダレス工作」、「バッゲ工作」、「小野寺工作（仮称）」、「岡本・ダレス工作」、そしてソ連を仲介者にしようとした近衛特使派遣問題などがある。

しかし、結論を先に記せば、これら民間人や海外駐在武官たちが自発的に行った和平工作も、近衛元首相をソ連に派遣しようという日本政府の和平工作も、すべて実を結ばなかった。理由はいくつもあるが、そのひとつは工作時期が小磯国昭内閣から鈴木貫太郎内閣にかけての政権移行期にあたったこと。

もうひとつは、日本政府の方針が最後の最後までソ連を仲介者にして米英と和を結ぼうとしていたこと。そしてなによりも決定的なのは、時の日本政府が、国際情勢を読むことができない一部の陸軍軍人たちに牛耳られていたことである。

それにしてもなぜソ連だったのか？　当時、日本と交戦状態にない大国といえばソ連だけであり、和平条件を少しでも日本に有利にするには、米英に影響力をもつそのソ連に仲介者になってもらうのがいちばんいいと考えたのである。

だが、日本が頼りとするソ連のスターリン首相は、すでに革命記念日前夜の一九四四年（昭和十九）十一月六日の演説で、ドイツとともに日本を名指しで「侵略国」と決めつけ、翌四五年二月のヤルタ会談では、ルーズベルト米大統領とチャーチル英首相にドイツ戦勝利後の対日参戦を約束していた。ソ連が日本からのたび重なるアプローチに対し、のらりくらりと逃げをうっていたのは当然だったのだ。

今にして思えば、ソ連の掌《てのひら》の上で弄《もてあそ》ばれていた日本政府の〝和平工作〟は、ピエロ以外のなにものでもなかったということになる。拙《つたな》かったのだ。すべては結果論だが、こうした日本政府の和平工作にくらべれば、中立国だったスイスやスウェーデンを舞台にした

「ダレス工作」や「バッゲ工作」のほうが、はるかに現実性があったともいえる。この章では、その非公式工作ながら、可能性のあった前記二つの工作を紹介したい。

和平工作の陰の主役になるハック博士と日本海軍士官

昭和十五年（一九四〇）五月、戦時下のベルリンに一人の海軍少佐が日本大使館付海軍武官補佐官として赴任した。その名を藤村義一《ふじむらよしかず》（のち義朗と改名、昭和十八年十一月中佐に昇進）という。当時、日独伊三国同盟の〝盟邦〟ドイツには、陸軍中将の大島浩大使をはじめとして、多くの陸海軍軍人が大使館員として駐在していた。

藤村義一（義朗）海軍中佐。1940年大使館付武官補佐官としてベルリンに赴任し、44年6月いったんフランスへ移駐したが、同年10月兼任として再びドイツへ戻った。

陸軍では武官の坂西一郎中将（のち小松光彦中将）以下約八十人、海軍は在独日本軍事委員長の野村直邦大将（のち海相）、大使館付武官の横井忠雄少将（のち小島秀雄少将）以下約七十人、陸海合わせると百五十人を超す大所帯であった。

藤村中佐が籍を置いた当時のベルリン海軍武官室は、横井海軍武官を筆頭に補佐官三人、艦政本

ドイツのデーベリッツ発動機学校を見学する日本の陸軍武官。日本は3国同盟によってドイツと結びつきを強め、英米ソと対立していった。

部技術士官、航空本部技術士官、書記官などによって構成されており、武官と武官補佐官は軍令部に直属して、大使館付の外交官資格も併せもっていた（陸軍は参謀本部直属）。

太平洋戦争開始後、日本は米英を除くヨーロッパ各国に武官室を置いていたが、ベルリンの武官室はこれらヨーロッパの各武官室のセンター的存在だった。すなわち、情報収集の総元締め的役割を担っていたのである。

ベルリンに赴任した藤村は、軍需品の買い付けなどを通じてさまざまなドイツ人と知り合いになった。そのなかの一人にフリードリッヒ・ハックという男がいた。彼はハンブルク大学を卒業した経済学博士で、満鉄顧問に迎えられたあと、第一次世界大戦当時はドイツの租借地・青島《チンタオ》にいた。連合国の一員である日本は青島のドイツ軍守備隊

青島攻略戦で捕虜となったドイツ兵。日本は第1次大戦後、ドイツ領だった赤道以北の南洋諸島と山東省の権益を継承した。

に総攻撃をかけ、要塞を占領、ドイツ軍は降伏した。このときのドイツ軍捕虜のなかにハックもいたのである。

日本で三年近い捕虜生活を送り、一九二〇年に帰国、ヒトラーのナチスが政権を獲得した後は極東顧問となり、リッベントロップ外相のアドバイザーとして活躍していた。日独防共協定のきっかけをつくったのもハックだったといわれている。

しかしナチスの独裁体制による世界制覇思想に批判的になったハックは、リッベントロップと衝突するようになり、ある日突然「男色」の罪名で逮捕され、投獄されてしまった。当時の駐独海軍武官の小島少将たちはナチ政権に働きかけ、何とかハックを釈放させると密かに日本に送り、さらにスイスに亡命させて日本海軍の購買エージェントの職を与えたのである。昭和十三年（一九三八）の春、ハック五十三歳のときであった。そのハックと藤村中佐が初めて会ったのは昭和十六年（一九四二）の春で、藤村がスイスに出張したときだった。

それから半年後の十二月八日、日本は米英との戦争に突入した。藤村中佐が、スイスのハックから一通の手紙をもらったのは開戦一週間後の十二月十六日だった。ハックは、日本が米英を相手にしても勝てるはずはない、日本はなんてバカげたことをしたのか。しかし、こうなった以上は米英との話し合いの道をつくっておかなければならない。もし私の意見に賛成なら、自分はその道を開くよう努力するが、どうだろうか、といったお叱りと和平ルートの開拓とを提案する内容だった。

藤村中佐は「アメリカのしかるべき人たちと接触する道があるなら、ただちに行動に移ってほしい」と返書を書き、その後は自らチューリッヒやジュネーブに足を運んでハックとの接触を続けた。

空爆下のベルリンを脱出、スイスで和平工作のスタート

米英との戦争は昭和十九年七月に米軍がマリアナ諸島を奪取し、その年の末から始めた

戦略爆撃機Ｂ29による日本本土空襲の開始によって、日本の敗戦は決定的になってきた。スイスのハックからの通信も戦局にあわせるかのように、和平工作への本格的取り組みを促すものが多くなっていた。ドイツの戦局もいよいよ絶望的になり、ベルリンは連日空襲にさらされている。

藤村中佐がスイス駐在海軍武官を命ぜられたのは、そうした絶望的戦局の一九四五年二月だった。和平工作を進めるにはベルリンでは動きがとれないため、東京の軍令部に働きかけてスイス駐在にしてもらったのである。

当時、ドイツには国境の東西から連合軍とソ連軍が迫っており、午前と午後の空襲は定期化していた。ドイツの敗北は誰の目にも明らかだったから、大使館のスタッフは誰もが中立国へ逃れたがっていた。そうしたなかでの藤村のスイス転勤は、「あいつは武官にうまく取り入って転勤しやがった」と後ろ指を指されたという。

藤村中佐が、ベルリンの海軍嘱託として働いていた大阪商船の欧州駐在員の津山重美と二人で、スイスの首都ベルンに向かったのは昭和二十年の二月末のことだった。すでに鉄道は破壊されていたから、二人はそれぞれ自動車を駆って国境を越え、ベルンにたどり着いた。途中、ニュルンベルクでは連合軍の大空襲に遭い、チューリンゲンの森に隠れたこともあった。

連絡を受けてチューリッヒから駆けつけたハックと再会した藤村は、自分の「スイス駐在の目的は和平工作を具体化させることだ」と打ち明け、協力を依頼した。ハックは喜び、「準備はもうできている」と、初めて「ダレス機関」の実態を話した。

ダレス機関というのは通称で、正式には第二次大戦勃発後、大統領命令で米政府がヨーロッパに設置した戦略情報機関OSS（Office of Strategic Services）のことをいい、アレン・ダレスがその総局長の地位にあった。のちに設立される中央情報局CIA（Central Intelligence Agency）は、このOSSを母体に組織された機関で、アレン・ダレスは初代長官に就任する。

戦略情報機関「OSS」総局長アレン・ダレス。スイスを中心にヨーロッパに強力なネットワークを組織していた。西村京太郎著の『D機関情報』の「D」のモデルといわれる。

また、のちのアイゼンハワー政権の国務長官を務める実兄のジョン・フォスター・ダレスは、当時ルーズベルト大統領の政治外交顧問をしており、兄弟は大統領の信任が厚かった。そしてOSSのアレン・ダレスが、すでに一九四五年四月初めに北イタリアと連合国との単独講和を実現させた立て役者になれたのも、ルーズベルトと兄の信頼がモノをいったためと言ってもいい。

ベルンに届いた米国務省の訓令「日本と和平交渉を始めてよい」

ハックとOSSの仲介をしていたのはアメリカの「ナショナル・シチー・バンク」チューリッヒ駐在員のホワイトという男と、ハックの大学の同期生でダレスの秘書のドイツ人フォン・ゲヴェールニッツという男だった。この二人を通じて、藤村とハックがOSSのメンバーのジョイス（戦後、トルコ大使になった外交官）とポール・C・ブルンの二人に初めて会ったのは昭和二十年四月二十五日のことだった。場所はベルン郊外のムーリーという村にある有名な鳥料理店だった。

初対面のこのときは、お互いが人物定めといった会見だった。そして二回目は二日後の二十七日にジョイスのアジトで行われた。このときは藤村とハックの他に津山と笠信太郎（朝日新聞特派員）も同行した。この日も具体的な話は行われず、夕食を共にして別れたという。

その藤村に、ダレスからの伝言が届いた。日本側の要望事項と交渉者たちの経歴を提出されたいという。戦後、藤村が書いた「痛恨！　ダレス第一電」（『文藝春秋』昭和二十六年六月号）によれば、藤村は自分の詳細な経歴とともに「在スイス日本海軍武官が日米の直接の和平に関し最善の努力をしたいが、米側の御意見を知らされたい旨を簡記」し、ハック博士に委託した。そしてハックには口頭でこう告げた。

「この和平の問題については在欧日本海軍首脳部は長年の研究を遂げて来たものであり、今その衝に当っている我々は、いずれも堅い決心をもってこれを貫徹せんとしている事、および和平の問題は日本側から見て、今次戦争の事実上の主力である日本海軍をしてただちに終戦を決意せしめない限り他のいかなる試みも成功しないと思われるが、これに関し我らは全力を挙げて東京の海軍を説得する事、およびそれと同時に諸般の状況を睨み合わせながら、すみやかに政府に決意せしむる方針である」

五月三日、OSS側からハックを通じて返答があった。米国務省から「日米直接和平の交渉をダレス機関を通じて始めてさし

スイスで和平工作に奔走した面々。最前列が加瀬俊一スイス公使、前列右より西原海軍武官、岡本陸軍武官、北村国際決済銀行理事、その後方に与謝野秀参事官、後列右より笠信太郎朝日新聞チューリッヒ支局長、若山毎日特派員、最後列右より田口朝日特派員、吉村国際決済銀行為替部長、高木チューリッヒ陸軍武官室勤務（1945年4月、ドルダー・ホテル）。

つかえない」という訓令が来たという。

東京に打たれた和平工作の暗号電第一号

ダレス機関からの返答を手にした藤村中佐は、五月八日の午後、和平交渉に関する第一報を東京に暗号電した。発信相手は米内光政海軍大臣と豊田副武軍令部総長で、直接、海相、総長に届くよう「至急、親展、作戦緊急電」とした。

電文の内容は、これまでのOSSとの接触を概括し、ダレス氏は日本が和平を望むならば「これをワシントン政府に伝達し、その達成に尽力しよう」と言明したことを記し、ダレスの経歴も添えた。そして「伯林《ベルリン》の陥落も焦眉に迫った今日、日本の採《と》るべき道は、すみやかに対米和平をはかることであると信ずるにつき、あえて具申する次第である。なお本件はその重大性に鑑み何分の御指示あるまで、本武官以外には厳秘に保つべし、すみやかに御指示を得たし」と私見を述べて結んだ。

この日、ベルリンではドイツが連合国に無条件降伏をし、日本をとりまく情勢はますます危機的状況を呈してきた。

藤村中佐は第一電に続き、五月十日、十三日、十四日、十六日、十八日、二十日と七本の暗号電を米内海相と豊田軍令部総長に打った。朝日新聞特派員の笠信太郎記者も、かつての朝日新聞の副社長だった下村宏情報局総裁宛に、個人名義で「一日も早い和平工作を行うべきである」と打電した。

ドイツの降伏調印式の模様。

五月二十一日、海軍省軍務局長（保科善四郎）名で待望の返書が届いた。

「貴武官のダレス氏との交渉要旨はよく分ったが、どうも日本の陸海軍を離間しようとする敵側の謀略のように思える節があるから、充分に注意せられたい」

スイス公使館の海軍武官室で返書を開いた一同は、その内容のトンチンカンぶりに唖然としてしまった。こんな返書をダレス側に言うわけにはいかない。藤村中佐たちは「東京からの返電はまだ来ない」と言って、さらにドイツ降伏後のソ連の出方などの報告も兼ねて和平工作実施の暗号電を東京に打ち続けた。

ダレス工作に海軍は賛成だった。保科軍務局長の証言

では藤村中佐に返書をした保科軍務局長（昭和二十年五月十五日就任）は、本当に「敵側の謀略」と思ったのであろうか。一九七五年に刊行された保科元中将の『大東亜戦争秘史―失われた和平工作』を読むと、日時を含め藤村中佐の証言とかなり違う部分がある。もっとも違うのは、保科軍務局長は藤村中佐のダレス工作に賛成だったという。

藤村中佐の電報を見た保科局長は、まず米内海相に進言したという。

「私はこれを全面的に受け入れたほうがよいと考えます。仮に先方から欺かれるようなことになっても、実情を明らかにすればかえって士気は昂揚し、決してマイナスにはならないと思います」

保科局長の前記書によれば、米内は賛成し、次いで豊田副武軍令部総長（昭和二十年五月二十九日就任）も同意した。大臣と総長が賛成したということは、海軍は賛成ということである。そこで保科局長は陸軍省の吉積正雄軍務局長（中将）に連絡し、陸軍側の意向を聞いた。案の定、本土決戦を唱える竹槍派の陸軍は反対だった。

「どうせイタリアのバドリオ政権がやられたのと同じ目にあわされるのが関の山だから、

同意できない」

保科はなんとか陸軍の同意を取り付けようと奔走したという。しかし本土決戦を決意した後の陸軍は、翻意することはなかった。

保科は書いている。

「しかし私はこれこそ最後の好機であると確信し、米内大臣の命を受けて私自ら外務省に東郷外相を訪ね、従来の経緯を説明して、『海軍が全面的に支持するから、外務省が主体となって進めなさい』と強く進言した。しかし問題はわが国の関係者の中に『アレン・ダレス』なる人物の経歴を知っている者がおらず、外務省も全然そのリストを持っていなかったから、どうしてもこの工作の見透しをたてるのに熱が入らない。もしわが方にイタリアのバドリオ首相の二の舞を踏ませないという確実な証拠が握られれば、あるいは陸軍をさらに説得して和議を成り立たせることができたかも知れない。そしてもしこの時点であれば、米国もソ連に漁夫の利を占められるという弱点があったから、意外によい条件で終戦に持ち込むことができたと思う」

1945年5月に海軍省軍務局長となった保科善四郎中将。

藤村中佐のダレス工作失敗。水泡に帰した三十五本の暗号電報

ともあれ東京からは何の反応もない。意を決した藤村中佐は、ダレス機関側に申し入れをした。この上は私自身が東京に行って首脳部に実状を話して説得したい、ついてはなんとか日本に行く方法を考えてもらえまいかと。

「これに対しダレス機関より、『提案には至極同感だが、今日の東京に君らが乗り込んで行っては、どんな不測の事故が起るか予断はできぬ。米側は東京の実状はよく分っている。今君らに事故が起れば当方が困るゆえ、逆に、東京より大臣か大将級の代表者で、条約にサインをし得る級の人物を呼び寄せられないか。もし東京が希望するならば、米側は日本からスイスまでの空路輸送を絶対確実に引き受ける』という返答が伝えられた」（前出手記）

米側の逆提案を受けた藤村中佐は、六月十五日に第二十一番電を米内海相に打った。

だが、六月二十日に米内海相名で武官宛に届いた返書は、工作の終了を意味していた。

「貴意は知った。一件書類は外務大臣に移したから貴官は所在公使等と緊密に提携し善処されたし」

書類を外務省に回したということは、海軍は手を引くということだ。こうして秘密裏に進められていた「ダレス工作」は、六月二十日に外務省から駐スイスの加瀬俊一公使にも連絡され、半ば公になってしまった。藤村中佐はダレス機関に「当事者以外には秘密」との約束が守れなくなったことを伝え、工作は終止符を打ったのであった。

いや、藤村中佐の申し出の前に、六月二十日に外務省が加瀬公使に打った暗号電報を傍受したOSSは、即日解読して、この話はダメだと判断していた。ダレスたちOSSは、日本の外務省に対してはまるで信用をおいていなかったからである。

藤村中佐は合計三十五本の暗号電報を東京に打った。それが、すべて水泡に帰したのである。

アレン・ダレスの実兄ジョン・フォスター・ダレス。アレンの影響力には兄のバックアップもあった。写真はサンフランシスコ平和条約の締結に、ともに努力した吉田茂と握手を交わすダレス。

重光外相とスウェーデン公使が進めようとした和平交渉とは

中立国スウェーデンの王室ルートを使って米英と和平を結ぼうとした「バッゲ工作」の全貌

スウェーデンを介する和平工作に重光外相も即座に賛成した

昭和十九年（一九四四）九月の中旬、当時、朝日新聞の専務だった鈴木文史朗（本名・文四郎、戦後は参院議員）は、駐日スウェーデン公使のウィダー・バッゲを軽井沢の別荘に訪ねた。二人はバッゲが駐日公使に赴任してきた昭和十二年（一九三七）以来の付き合いで、バッゲ自身「私には鈴木文史朗という日本人の友人があった」と言っているように、かなり親密な交際だった。

鈴木文史朗の随筆『和平工作未遂の記』や戦後、東京裁判に提出されたバッゲ公使の口述書などによれば、その日、鈴木は「重大な話がある」といってバッゲ公使を訪ねている。そして米英との戦争をなんとしても終結したいと述べ、その条件として日本は全占領地域を返還し、満州国放棄も考慮に入れてよいとも言ったという。

スウェーデン王室ルートで和平を結ぼうと苦心した駐日公使バッゲ。

さらに、この計画は近衛文麿公などが責任をもって進めており、この際ぜひともスウェーデン政府の斡旋によって、ロンドンに和平への探りを入れてほしいと要望した。アメリカではなくイギリスを選んだのは、バッゲの口述書によれば「かかる計画は米国より英国に於いていくらか好く分かってもらえると考えられた」からだった。

大の親日家であるバッゲは鈴木の申し出を受け入れ、以後、二人はたびたび密談を重ねて和平への道を探りあった。しかし、個人的には親しくても、公使という国を代表する公の立場に立てば、本国政府の意向をくまなければ軽々しく引き受けるわけにはいかない。バッゲは口述書で語っている。その公式速記録の一部を現代文に直せば次のようである。

「もちろん私はいっさいをストックホルムへ報告した。その後数カ月、私はしばしばこの友人に会って政局および講和問題を論じた。私は常時、連合国の無条件降伏の要求が講和への最大の障害である旨、同氏その他のところから聞いた。降伏に傾いていた日本人でさえも、かかる決定は国家がどんなことになるのかがある程度知れない限り考えられなかった。天皇が侮辱を受け、または日本の矜持《きょうじ》が辱《はずかし》められる懸念があるならば、誰も皆むしろ戦争を継続し、とどのつまりまで戦う考えである

瓦礫の街と化してしまった東京・丸の内のビジネス中心街。

と私は聞かされた」

鈴木とバッゲ公使の〝密談〟はいつしか半年が過ぎ、昭和二十年三月に入っていた。B29による米軍の日本空襲は日増しに激しくなり、東京も次第に廃墟と化しつつあった。戦争の前途は誰の目にも絶望的だった。鈴木はバッゲに説いた。

「日本が九死に一生を得るには、できるだけ早い機会に交渉平和《ネゴシエーテッドピース》に向かって工作するのが日本のとるべき途であると思う。あなたは外交官として生涯の大業を敢行し得る地位にいる……」

そうした折り、バッゲがスウェーデンに帰国することになった。鈴木の『和平工作未遂の記』によれば、そこで「バッゲ氏は遂に、日本政府が希望するなら和平交渉の端緒を開くべく、スウェーデン政府に向かってその希望を伝達してもいいと言明した」という。

ここで二人の私的会談は初めて公のものになる。鈴木はさっそく重光葵外相を官邸に訪ね、バッゲ公使とのそれまでの話し合いを報告した。そして、もし可能ならばこの際スウェーデン政府の自発的な提案として、英米に対して和平仲介の労をとってもらってはどうかと提案した。

当時、重光外相はソ連を介する連合国との和平の道を探っていたが、交渉は思うように進展せず悩んでいたときだった。鈴木の話を黙って聞いていた重光は、

「ご意見謹聴しました」

と言い、鈴木の回想によれば「外相は即座に賛成した」という。

重光自身、もし日本が和平を申し入れるとすれば、信頼できる仲介者を通じて直接英米の意向を探るのがもっとも有利だと考えていた。戦後の回想録『昭和の動乱』で重光は書いている。

「その方法として、英国の有力なる閣員代表者の駐在していたマドリッドを選んだこともあるが、これも思うようにはならぬ。東京駐在の中立国の代表者としては、ただスウェーデン公使バッゲ氏か、若しくは法皇庁代表に依頼する外はない、と考えられた」

和平工作開始早々の政権交替で状況一変

重光外相の動きは早かった。まず重光はフィンランド公使だった昌谷忠《さかやただし》をバッゲのもと

に走らせた。昌谷とバッゲは旧知の間柄であり、重光自身かねがね昌谷公使などを介してバッゲとは連絡を保っている間柄だ。

一方のバッゲは、重光外相が昌谷を自分のもとに寄こしたのは和平の可能性を探ると同時に、本当に自分（バッゲ）に熱意があるのかどうかを確かめにきたのだなと思った。

バッゲは言った。

「私は日本で十二年も勤務してきましたので、なにか日本のために役立つことはないかと思っている」

そして日本と英米の和平見通しについて語を継いだ。

「連合国は日本を無条件降伏させると公言していますが、日本から和平を申し出たら先方は必ずしもこれに固執しないと思います。日本がもっとも重要視する皇室の安泰のごときは問題としないでしょう。スウェーデン側からアメリカの意向を探ることもさしつかえないと考えますが、重光外相はこれに同意されるでしょうか」

スウェーデン公使館を辞した昌谷は、密かに重光外相を訪ねてバッゲ公使の意向を伝えた。重光は誠実な人柄のバッゲを信頼し、さっそく会談のてはずを整えた。バッゲの帰国を聞いていたからである。

昭和二十年三月三十一日、二人は外相官邸で顔を合わせた。バッゲは前出の口述書で語っている。

「重光氏はきわめて率直であった。戦況に関する自分の意見も隠さずに言い、むしろ悪いと思うとさえ述べた。

重光氏は軍閥を難じ、今こそ日本の外交官が国家を戦争から救い出そうと試みるべきであると語った。氏は天皇が平和を愛好される方で、いつでも戦争には反対であられたと何度も繰り返した。そして重光氏自身はもちろん、日本の外務省の大部分の者は最初から戦争に反対であったと言い、日本が講和、すなわち談判による講和を実現する可能性を発見するため、できるだけのことをするよう私にきわめて熱心に要望した」(要約)

重光は帰国するバッゲのために、在スウェーデンの岡本季正公使を協力させると言い、日本への連絡は同公使を通じて行うよう申し出た。

重光の熱心な態度にうたれたバッゲ

長らく駐英大使などを務めた重光外相（右）は、その国際感覚からスウェーデン政府を通じての工作に期待をもっていた。

公使は、

「永い長い歴史をもつ立派な日本を破滅に陥れることは忍びません」

と、和平斡旋の労を引き受け、外相官邸を後にした。

実際、重光外相は真剣だった。バッゲ公使と会談をした数日後、重光はふたたび昌谷をスウェーデン公使館に走らせ、「和平は急を要するので、一時も早くストックホルムに出発してスウェーデン政府に働きかけてほしい」と伝えさせた。

バッゲは四月二日に東京を飛行機で出発し、朝鮮を経由してシベリア鉄道で帰国する予定であったが、この日東京は三月十日の大空襲以来途絶えていたB29の爆撃にさらされていた。空襲は翌三日の深夜から四日にかけても行われ、バッゲの離日は一日延ばしに遅れていた。

そうした最中の四月五日、小磯国昭首相が辞意を表明、内閣は総辞職してしまった。硫黄島はすでに占領され、四日前の四月一日には沖縄に米軍が上陸を開始している。予備役の陸軍大将である小磯は、東條英機大将がそうであったように、陸軍大臣を兼務して軍政一体の戦争指導を行おうとした。それには軍部大臣現役武官制の決まりから、予備役では陸相には就任できない。小磯は現役復帰を画策したのである。

小磯内閣の外相である重光葵は回想録『昭和の動乱』に記している。

小磯国昭内閣。前列右から2人目が小磯首相、右端が米内海相、後列右が重光外相。小磯内閣の総辞職で、重光のバッゲ工作は挫折してしまった。

「かねてより小磯大将一派の予備軍人と、感情上にも相容れなかった軍の主流は、かかる計画に猛然反対した。軍は、小磯大将が予備から現役に復帰することに正面から反抗し、米内（光政）大将の現役復帰は、同大将がかつて総理大臣就任のために止むを得ず予備となった事情を考慮したものであるが、小磯大将の予備となったのは、当然なるべくしてなったのであるから、その現役復帰は承認出来ぬ、と云うのである。

　陸軍は小磯大将の意嚮《いこう》を無視して、陸軍大臣を更迭し、南方の戦場から帰ってきた阿南（惟幾）大将を、杉山（元《はじめ》）元帥の後任として新たに陸軍大臣に任命した。而して後、杉山を東部総軍司令官となし、支那より帰った畑（俊六）元帥を西部総軍司令官となした。天皇陛下はこれらの任命を裁可せられた」

　こうして陸軍部内の派閥争い、いってみればクーデターによって小磯は政権を追われ、内閣は海軍の老将鈴木貫太郎大将に引き継がれたのである。

東郷外相に引き継がれたスウェーデンを介す和平工作

小磯内閣の思わぬ瓦解で、重光の和平工作は入り口で頓挫してしまった。当然のことではあるが、重光も外相の椅子を降り、代わって東郷茂徳が外相に就任したからである。

バッゲ工作の仕掛け人である鈴木文史朗は、小磯内閣総辞職の報を出張先の大阪で聞き、「しまった！」と思った。鈴木は重光・バッゲ会談の内容を直接バッゲ公使から聞き、希望を胸に大阪に出張して来たのだった。だから「しまった」と思ったのである。かといって、このまま諦めるわけにはいかない。

鈴木は朝日新聞の先輩であり、かねてより親交のある新内閣の国務相に就任した下村宏（海南、情報局総裁兼務）に急ぎ手紙を書き、上京する大阪朝日新聞の重役に託した。内容は、バッゲ公使を介するこれまでの〝和平探索〟のいきさつを率直に述べ、新内閣、とりわけ新外相にも引き続いて「バッゲ工作」を推し進めるよう口添えしてもらいたいというものだった。

鈴木文史朗の意とするところは、下村国務相から四月九日に外相に就任した東郷茂徳に伝えられた。同時に四月十一日には前フィンランド公使の昌谷忠も東郷を訪問して、それまでの経緯を報告している。そして昌谷は、「新外相としての、ご意見をたまわりたい」と申し出た。

東郷は回想記『時代の一面』に書いている。

「本件に就《つ》いては重光君その他からも何等引継ぎも話しもなく初耳であったが、自分は尠《すくな》からずこれに興味を感じ、ことにスウェーデン国が自己の発意によって米国に確かめると云うのであるから大いに好都合であると考え、即座にこの問題を取り上ぐることに決意した。そして昌谷君には本件に就《つ》いては未《いま》だ何人からも報告に接していない、尚、日本としては無条件降伏は出来ないが、自分は急速講和を念としているから、右スウェーデン公使の案通り、スウェーデン政府の発意によって米国の意向を聞いて貰えれば誠に仕合わせであること、並びに同公使の都合が許すなら出発前一度面会したいことを同公使に話すように依頼した」

朝日新聞副社長、日本放送協会会長をへて、鈴木貫太郎内閣で情報局総裁となった下村宏。

翌四月十二日、昌谷はふたたびバッゲ公使を訪ね、東郷新外相も重光前外相同様、スウェーデン政府による和平斡旋に期待を寄せている旨を伝えると、バッゲは喜び、帰国次第さっそく実行に移そうと約束した。

しかし東郷・バッゲ会談は実現しなかった。十三日の早朝、バッゲ公使を乗せた飛行機が出発したからである。

バッゲ公使を落胆させた日本外務省の新旧引き継ぎ

一九四五年四月末にスウェーデンに帰ったバッゲ公使は、さっそく五月十日の昼前にストックホルムの日本公使館に岡本季正公使を訪ねた。

折からヨーロッパ全土は戦勝に沸き立っていた。三日前の五月七日にドイツが降伏し、ふたたび平和が戻ってきたからだ。スウェーデンの首都ストックホルムも、翌八日は一日中祝賀騒ぎで街中が喧騒につつまれていた。しかし三日目の今日は戦勝騒ぎも一段落で、街は落ち着きを取り戻していた。

「すでに東京から重要な電報が届いているはずと思いますが」

バッゲは岡本に尋ねた。もちろんそのような電報は届いていない。岡本は反問した。

「それはどういうことですか？」

「日本の和平に関する問題です」

「それは初耳です。実はこの問題につきましては日夜心配して心待ちにしているところですが、東京からはなんらの電報にも接しておりません」

「それは誠に意外です。実は私は一カ月前に東京を出発して帰国の途についたのですが、出発に先立ち重光外相と会談して、永年日本に在任し何人にも劣らず日本を愛し、日本のことを心配する日本の友人の一人として、自分の哀情を披瀝したところ、重光外相は胸襟を開いて率直な話をせられ、今回の私の帰国の機会をとらえて、和平に関して英米側の意向を打診してもらいたいと言われた。

外相は、私との話し合いの件はただちにストックホルムの岡本公使に電報しておくから、私がスウェーデンに帰国の上は、万事、岡本と連絡されたいと約束されたのです」

さらにバッゲは、自分が日本を離れるときに内閣が代わったけれども、新外相の東郷氏も重光氏

ドイツの降伏はヨーロッパ中を歓喜に包んだ。一時はドイツ軍に包囲されたモスクワでは市民たちの行進が行われた。米英兵を胴上げし、戦争終結の喜びを分かち合った。

と同じ考えであることを知人から知らされていると言い、言葉を続けた。

「しかし、この問題はきわめて重大です。東京からいまだなにも連絡が来ていないということであれば、内閣が代わったことでもあり、私が重光前外相から依頼されたことについて東郷新外相に正式に引き継がれているかどうか大至急確かめていただきたい」

バッゲの表情には明らかに失望の色が現れていた。

スウェーデン政府の不興を買い和平の糸がとぎれる

バッゲの話を聞いて驚いた岡本公使は、その日の午後、東郷外相宛に「緊急、極秘、必親展」の暗号電を打った。岡本はバッゲの話の内容を記したあと、個人的な印象も交えてこう続けた。

「スウェーデン政府側としては斡旋の意あるものと思わるるも、同時に英米側に筒抜けとなる危険大なるものあるを憂慮す。本日、バッゲ公使より聞き取りたるところによれば、全然スウェーデン側のイニシアチブとして探らしむる御内意ならば、その旨さらに同公使に内示するを要すと認むるに付、何分の儀、至急御回電ありたし」

ところが日本からの返電は一週間経ってもこなかった。実はこの電文のニュアンスをめぐって、東京の東郷外相は苦吟していたのである。その一週間目の五月十六日午後四時半過ぎ、バッゲ公使がふたたび日本公使館にやってきた。そして、日本からの返電はまだかと聞いたあと、

「実は、今日はギュンター外相の命令で来ました」

といい、抗議ともとれる話を始めた。

戦後の昭和二十六年六月に、岡本季正元公使が外務省の要請で認《したた》めた「瑞典《スウェーデン》における和平打診工作の経緯」という一文によれば、バッゲの話は次のような内容だった。

「貴館付陸軍武官小野寺（信）少将は某独逸人実業家を使い、日本陸軍を存続させることを条件として和平運動を試みている由で、右独逸人は瑞典国王陛下の皇弟カール殿下に接近し、この趣旨にてお力添えをお願いした結果、同殿下よりギュンター外相に意見を徴せられた。

同外相はかくの如き申出ではこれをお取り上げにならぬ様にとお答えしたる次第であるが、同外相としては自分（バッゲ公使）が日本外相より内密の依頼を受けて英米側に対して和平に関する打診に乗り出そうとしつつある矢先きに、一陸軍武官が横合いから斯かる策動をするのは不都合であるのみならず、邪魔になるという意見であるから、取り敢えず右の事情を貴公使に内報すると共に、斯かる策動をさせない様に措置をとられることを希望

すると述べ、なお右独逸人は石油関係の実業家で、余り信用が出来ない人物だという評判だと付言した。

右の次第は翌五月十七日東郷外相へ内密電報したが、これに対しては同外相より梅津参謀総長に話した結果、同総長は小野寺において斯《か》かることを為《な》したとは信ぜられない所であるが、念の為め本人には注意を与えて置くと約束した旨後日回電があった」（外務省編『終戦史録』）

スウェーデンを舞台にしたもう一つの和平工作

ストックホルムの日本公使館付陸軍武官である小野寺信少将が、カール・ベルナドッテとスタンダード石油会社のスウェーデン総代理店支配人E・エリクソンから初めて英米との和平話を持ちかけられたのは二カ月前の三月十七日のことだった。ベルナドッテはスウェーデン国王グスタフ五世の甥で、ベルギー女王だったアストリッドの弟にあたる人だった。そしてエリクソンはゲーリング元帥などとも親交のあるドイツ人政商で、反ソ主義者として一部には知られていた。

二人の主張は、日本は一日も早く戦争を終わらせるべきであり、スウェーデン国王も常に日本のことを憂慮しているというものだった。小野寺少将自身、日本の戦局には必ずしも楽観的ではなかったから、いずれは和平問題が俎上《そじょう》にのぼってくると見ていた。そのために小野寺は在欧軍事委員長としてドイツにいる海軍の阿部勝雄中将と、駐独海軍武官の小島秀雄少将と頻繁《ひんぱん》に会っては「戦争の後始末は、おれたちでやろう」と話し合っていた。

1933年6月22日に来日し、明治神宮に参拝したスウェーデン国王の皇甥カール・ベルナドッテ。

　小野寺少将は思っていた。仮に和平工作を進めるにも、軍部が実権を握っている今の日本では外務省系ルートでの工作はうまくいかない。一にも二にも参謀本部や軍令部に対する強力な発言力がなければ、いかなる仕事も決定もできないと。

　そこで小野寺少将は阿部中将と小島少将をスウェーデンに呼ぼうと画策を始めた。阿部中将を外交官の岡本季正公使に代えて駐スウェーデン公使にし、小島少将を海軍武官に据えようとしたのである。要するに在スウェーデン公使館のスタッフを軍人でかため、強化しようとしたのである。その上で三人が協力し、本国の参謀本部と軍令部に働きかければ、和平工作も含めてさまざまな提案ができると考えた。

小島少将も基本的には小野寺少将と同じ考えであった。ただスタッフの人選ではやや違っていて、当時の駐スウェーデン海軍武官は三品伊織大佐（海兵五十三期）だったが、これを二年先輩の扇一登大佐（海兵五十一期）にして、三品大佐は武官補佐官にするというものだった。扇大佐は小野寺少将とも気心が知れており、和平工作のような微妙な問題がからむ仕事には陸海が一致協力できる陣立が必要だと考えたのである。

当時、ヨーロッパではスイスの他はスウェーデンが唯一の中立国であり、かつ親日的な国であったから、小野寺も小島も英米との和平を進めるにはこの国を舞台にするほかはないと思っていた。だが、小野寺少将のスウェーデン公使館、とりわけ武官事務所強化策は実現しなかった。スウェーデン外務省が、日本の海軍武官室の増強はいたずらに英米両国を刺激するだけであると認めなかったからだ。

武官事務所スタッフ強化策は実現しなかったが、しかし小野寺少将は諦めなかった。戦後、小野寺少将の談話をもとに記述された「北欧に恨み残る和平工作」（林茂編『日本終戦史』所収、読売新聞社）によれば、ベルナドッテとエリクソンの二人が、ふたたびストックホルム市リネー街にあった日本の陸軍武官事務所を訪ねてきたのは昭和二十年五月九日のことだったという。ドイツ降伏後二日目である。

エリクソンは小野寺の顔をまっすぐ見つめながら説得（？）したという。

「あの市民たちの喜びようをご覧になったでしょう。日本が和平を講ずれば、ストックホルムの市民だけではありません、全世界の人々が、あのように喜ぶのですよ」

そしてエリクソンは続けた。

「明後日、ベルナドッテは国王に会うことになっているから、そのときに、日本の天皇に、和平を講ずべき手段を一日も早くとるように勧める親書を出すことを話してみよう」

日本の陸軍武官事務所を辞したベルナドッテとエリクソンは、国王の弟であるカール殿下に小野寺少将との一件を報告して助力を願い出た。そこで殿下は外相のギュンターを呼んで意見を求めたのだった。

岡本季正公使の「瑞典における和平打診工作の経緯」にもあるように、ここでギュンター外相は「かくの如き申し出は、お取り上げにならぬように」と、即座に反対したのである。小野寺工作は、この段階で実質的に終焉したといっていい。

ところで、戦後の小野寺少将の談話では、英米との和平工作話はベルナドッテとエリクソン側からの勧めだったというが、ポツダム会談関係のアメリカ外交文書などでは、小野寺側からベルナドッテに話をもちかけているとされ、証言にかなりの食い違いがみられる。

小野寺少将たちの工作はなぜ新聞にリークされたのか

岡本公使からの密電でスウェーデン政府や小野寺少将たちの動きを知った東郷外相は、対応を決定しかねていた。

政府は五月十一日、十二日、十四日の三日間にわたって開催された最高戦争指導会議で、ソ連を介して和平交渉を進めることを決定したばかりだったからである。

ところが五月十八日、思わぬ事態がもち上がった。ストックホルムの各新聞は朝刊と夕刊で、日本がスウェーデン政府を通じて英米に和平打診の運動をしていると報じたのだ。さらに追い討ちをかけるように、その夜のニューデリー放送（インド）は、「日本はソ連を介して米英に和平の申し入れをしたが、サンフランシスコで外相会議中の連合各国は、無条件でなければ受諾できないと、これを拒絶した」と報じた。

ストックホルムの新聞報道も、ニューデリー放送の内容も、日本政府は時を置かずに知ったが、関係者のショックは大きかった。東郷外相はニュースの出所を追求したが、ニューデリー放送が言うような「モスコー在住の実業家」などには心当たりがないし、疑惑はストックホルムの陸軍武官事務所に向けられた。それは、現地ストックホルムでも同じであった。

岡本公使は言っている。

「同日（十八日）朝、私もエキスプレッセン社主筆等より電話で問い合わせを受けたが、これ等は小野寺武官に関係のある筋から洩れたものだと推測された」（前掲文書）

高木惣吉もその著『終戦覚書』で言っている。

「これは瑞典駐在の小野寺陸軍少将が、参謀本部の一部と私的連絡のもとに、スウェーデンの或る筋を介して、米英の和平条件を探ろうとしたところ、外交系統を除外した不満から、瑞典外務省から抗議的詰問がでると共に、秘密がもれて、意外の反響をよんだのであった」と。

海軍独自の終戦工作に従事した高木惣吉海軍少将。井上成美中将の発案により米内大将の了承を得て、1944年9月、高木は「軍令部出仕兼海軍大学校研究員」の肩書きで、終戦の研究を始めた。高木の活動と情報が、鈴木内閣での米内海相の言動の支えになったといわれる。

ストックホルムの岡本公使のもとに、ようやく東郷外相からの回答電報が届いたのは、その夜、マスコミ報道で揺れていた十八日であった。内容は「前内閣当時に行われたことについては篤と調査してみる必要があるから、本件は相当時日を要するものとご承知ありたい」という曖昧《あいまい》な表現だったが、要は交渉打ち切り命令だった。外相からの思わぬ命令に、岡本公使はがっくりとした。しかし、本国からの正式回答とあれば相手に伝えなければならない。五月二十三日、岡本公使はバッゲ公使の来訪を求めて、「東京からの中間報告」として東郷外相の回答電を伝えた。

バッゲは失望の色を隠そうともせず、岡本に言った。

「日本の新外相からそういう回答があった以上は、自分としてははなはだ遺憾ながら、この上話を進めるわけにはいかないから、しばらく様子を見るほかないでしょう。私の推測では、日本政府はおそらく他の方面の斡旋を求められるご意向であるものと思います」

一方、同じころ小野寺少将のもとにも、梅津参謀総長から訓電が届いた。

「帝国は必勝の信念をもって戦争を継続する決意を有することは、貴官も承知のはずなり。しかるところ、ストックホルムにおいて、中央の方針に反し和平工作をするやの情報あり。貴官はその真相を調査のうえ報告ありたし」

言い回しは婉曲《えんきょく》だが、勝手な行動は止めて、和平工作はただちに打ち切れという命令にほかならなかった。

スウェーデン政府と王室を取り込んだ日本の和平工作は、こうしてまぼろしとなって歴史の狭間《はざま》に消えていったのである。

終戦と同時にA級戦犯に問われた東郷茂徳は、昭和二十五年（一九五〇）一月三十日、巣鴨拘置所で連合軍総司令部（ＧＨＱ）歴史課の聴取を受けた。その聴取にこう語っている。

「このバッゲ氏の事件は歴史的に見て重大な価値ありとは思わない。私が外相に就任した際には、和平の仲介を頼むとすれば、ソ連に頼む外はないと云うことに軍部も宮中方面も、政界方面も、殆ど一致していた。それは、米国をして、無条件降伏を日本に強いさせないように、再考させるだけの説得力のある中立国は、ソ連しかないと云う観点に基いているものであった。私自身はソ連を仲介に頼むことは好まなかったが、瑞典政府が自ら進んで仲介の労を採るだけの熱意がないことが解っていたし、又瑞典政府は米国側に無条件降伏と云うことを撤回させる力のないことは否めないし、而も当時の日本の感情では無条件降伏は到底受け容れられそうにないので、ソ連利用に同意する外なかった」（『ＧＨＱ歴史課陳述録』原書房）

開戦（東条内閣）と終戦（鈴木内閣）時の外相を務めた東郷茂徳は、A級戦犯として禁錮20年の刑を受けた。写真は、東京裁判で証人台に立つ東郷。

第V章

三巨頭会談とポツダム宣言

ポツダム会議で記念撮影におさまる3巨頭。
左からチャーチル英首相、トルーマン米大統領、スターリン・ソ連首相。

ソ連を介した日本政府の和平工作は
一向に進展がみられない。
いたずらに時間ばかりが過ぎ去り、
ついに日本に「無条件降伏」を求める
ポツダム宣言が突きつけられる。

ソ連の和平仲介を期待して近衛特使派遣を決定

天皇の希望で本土決戦方針から和平工作に転じた日本政府

本土決戦の方針を転換して和平工作開始を決定したが……

昭和二十年（一九四五）六月八日の御前会議で、日本政府は本土決戦を含めた徹底抗戦を決定した。しかし、これ以上の戦争継続は国体（天皇制）と皇室の喪失を招くという木戸幸一内大臣などの上奏もあり、六月二十二日に最高戦争指導会議構成員六名による御前会議が開かれた。

この会議は天皇が構成員を召集するという異例な会議で、正式な御前会議ではなく〝懇談会〟という形式がとられた。そして六月八日の決定を白紙に戻して、ソ連を仲介役に米英に対する和平工作を開始するという、戦争指導方針の一八〇度転換を行った。

前章で紹介したように、ヨーロッパを舞台にした日本人たちの和平工作はすでに活発に行われていたが、これらはいずれも個人的な活動で、日本政府としての正式なものではなかった。しかし、公式であろうがなかろうが、米英をはじめとする連合国との和平を達成し、戦争を終わらせなければ大日本帝国が崩壊することは誰の目にも明らかになっていた。事は急を要している。

「すみやかに終戦工作に入れ」との六月二十二日の天皇の意思を受けて、六巨頭は会合を重ねて講和の条件などを協議したが、なかなか意見がまとまらない。

それもそのはずで、本土決戦から終戦工作へと一八〇度の方向転換が行われた六月二十二日のその日、戦時緊急措置法、義勇兵役法、同施行規則、国民義勇戦闘隊統率令といった本土決戦態勢の各種法令が公布され、即日実施に移されていた。本土決戦方針は生きていたのである。

6月9日に開会した第87臨時議会で、戦時緊急措置法を審議中の鈴木首相と米内海相。本土決戦態勢が整えられていった。

これらの法律の施行によって、行政全般にわたり政府の権限が強化され、男子は十五歳から六十歳、女子は十七歳から四十歳までのすべてが戦闘要員として動員されることになった。一説には、上陸する敵を迎え撃つにあたって足手まといとなる老若男女と妊婦の抹殺が計画され、そのリストが用意されたとの話もある。

七月六日、さらに大本営は決戦時まで航空兵力を温存する方針を決めた。この日以降、本土空襲に飛来するＢ29を迎撃する日本機の姿は消えた。

ところがその七月六日、天皇から鈴木首相にソ連への特使派遣に対する督促があった。天皇の督促は十日にも再度あった。

六巨頭は急ぎ鳩首凝議《きゅうしゅぎょうぎ》、公式に「ソ連に対して特派大使を派遣し、ソ連政府との間に日ソの国交調整をはかるとともに、進んで戦争の終結に関してソ連の斡旋を求める方針」を決定した。ソ連に不信をもつ東郷外相は、ソ連を仲介役にすることには消極的だったが、陸軍がソ連の参戦を防止する意味からソ連の仲介役に積極的だったため、あえて反対はしなかった。

東郷外相は特使には元首相の近衛文麿が適任と考えた。近衛は世界的に名前が知られており、軍人でないことが一目でわかるからだ。木戸内大臣も当初から特使は近衛と考えていた。近衛ならソ連との話し合いの内容を直接木戸に打電できるし、それを天皇の命令として国内の反対を抑えられると考えていたから、近衛特使に賛成した。

七月八日、東郷外相は軽井沢に滞在する近衛を訪ね、モスクワ行きの内諾をとりつけた。そして七月十二日、鈴木首相や木戸らの計らいで近衛は皇居に呼ばれ、天皇から「ソ連に使してもらうかもしれぬから、そのつもりでいるように」と下命された。

近衛は出発に際してはあまり窮屈な条件を押しつけられては困るとの条件を出した。それには理由があった。ソ連に対してはなんの条件も提示しないままに訪ソして話し合い、そこで決めた条件を直接木戸内大臣に打電し、天皇の裁可を仰ぎつつ決定していくという非常手段を考えていたからである。

佐藤尚武駐ソ大使は、無条件に近い形でなければとうてい交渉成立の見込みはないと進言してきていた。そうした佐藤大使からの進言や、強硬に反対するであろう軍部を抑えながら交渉を成立させるには、天皇の裁可を直接得る以外にはないということである。すなわち軍部はもちろん、内閣までも蚊帳《かや》の外において、天皇、木戸内大臣、近衛の三者で和平にもち込んでしまおうとしたのである。

佐藤尚武駐ソ大使。ベルギー、フランス公使などを歴任し、東郷外相の懇請を受け1942年より駐ソ大使となった。

近衛が皇居に呼ばれた七月十二日の夜八時五十分、東郷外相は鈴木首相、近衛特使と協議のうえ、佐藤尚武駐ソ大使に訓電を発した。

「和平工作のため近衛公をモスクワに派遣したいので、貴官は大至急、モロトフ外相（外務人民委員）から同意を取り付けてもらいたい。しかし、ソ連首脳が三国首脳会議のためポツダムに出発する前に、近衛公がモスクワに到着するのは不可能である。よってポツダム会談が終わり、スターリンがモスクワに帰ったらただちに交渉を始めたい。そのためモスクワへの便は飛行機にしたい。ソ連側が迎えの飛行機を満州里かチチハルまで出すように申し入れてほしい」

1941年から49年まで外相（外務人民委員）を務めたモロトフ。スターリンの死後、フルシチョフと対立し、要職を追われた。

訓電はこう指示し、近衛公は次のような天皇の親書を携えていくから、その趣旨をあらかじめ大使からモロトフ外相に説明してほしいとあった。

東京からの訓電を受け取った佐藤大使は、十三日（モスクワ時間）ただちにクレムリンを訪ねてモロトフ外相に会見を申し入れた。しかしモロトフ外相は、ポツダムに出発しなければならないので会うことができないから、次官に会ってくれという。そこで佐藤大使は十三日の夕刻、ロゾフスキー次官（外務人民委員代理）に面会し、本国からの訓令を伝えて「大至急回答を得たい」旨申し入れた。

佐藤大使がソ連側に伝えた日本政府の訓令（第八九三号）は、次のような内容である。

「天皇陛下に於かせられては、今次戦争が交戦各国を通じ国民の惨禍と犠牲を日々増大せしめつつあるを御心痛あらせられ、戦争が速やかに終結せられんことを念願せられ居る次第なるが、大東亜戦争に於て米英が無条件降伏を固執する限り、帝国は祖国の名誉と生存のため一切を挙げ戦ひ抜く外無く、これがため彼我交戦国民の流血を大ならしむるは誠に不本意にして、人類の幸福のためなるべく速やかに平和の克服せられんことを希望せらる」

簡単に言えば、日本はソ連の調停で米英と和平をしたい。しかし無条件降伏ではない形で降服したいので、近衛特使を派遣してそのことについて交渉したいから、受け入れてほしいというのだ。

ロゾフスキー代理は言った。

「わが政府の首脳部は今夜にもベルリンに向けて発つ予定になっているので、貴大使お申し入れに対するソビエト側の回答は少し遅れることとなろう。ただし、できるだけ早くご返事することにいたしましょう」

ところがこの日の夜半、ロゾフスキーから電話があり、やはり回答は数日遅れると告げてきた。そしてソ連側が回答してくるのは七月十八日になってからなのだが、その間、東郷外相と佐藤大使の間には緊急電が飛び交う。

佐藤は先の「広田・マリク会談」をソ連がまったく問題にせずに葬り去ってしまったことなどから考えて、今回の特使派遣に対してもソ連側にはほとんど期待できないと考えていた。

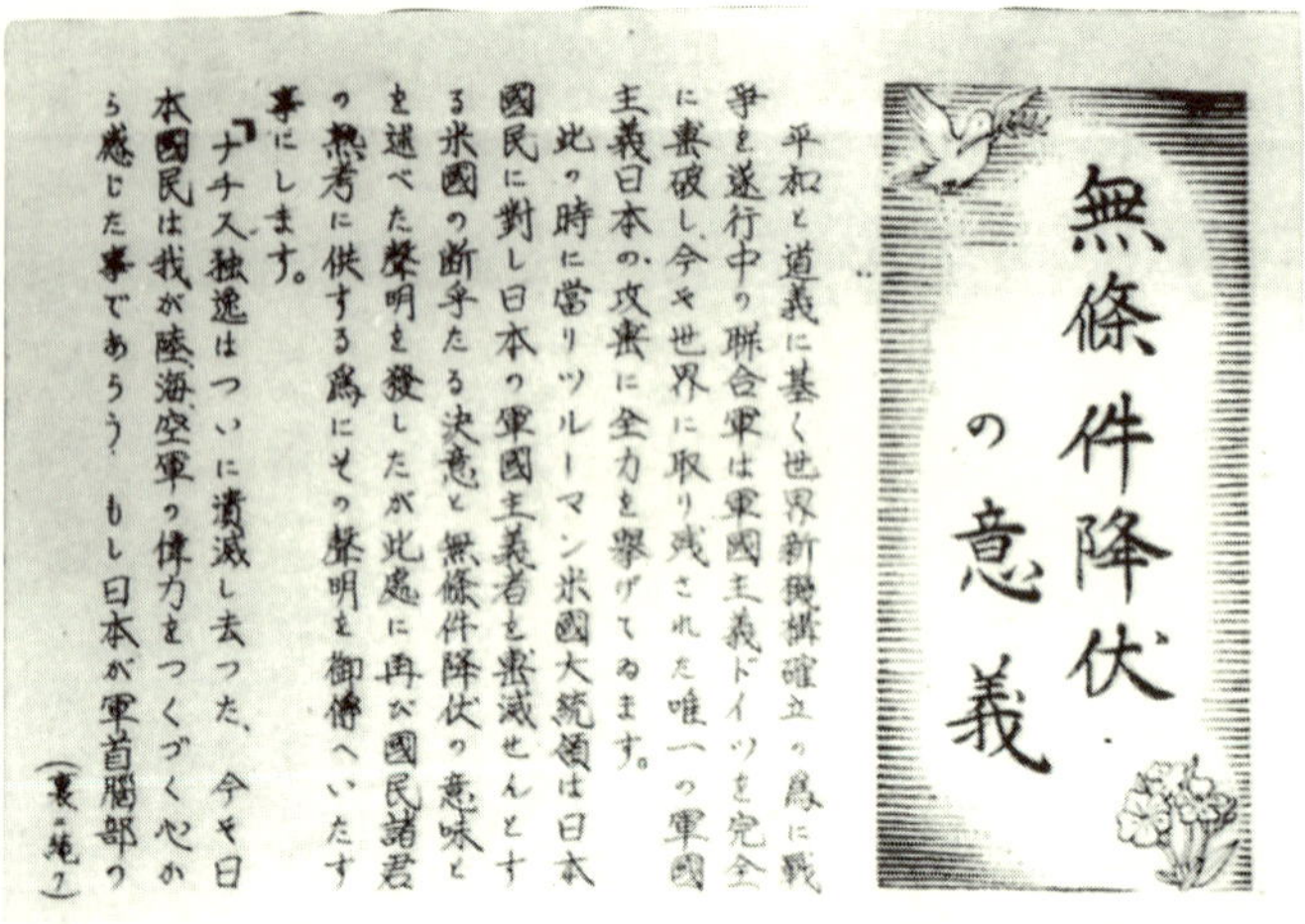

無條件降伏の意義

平和と道義に基く世界新秩序確立の爲に戦爭を遂行中の聯合軍は軍國主義ドイツを完全に撃破し今や世界に取り残された唯一の軍國主義日本の攻撃に全力を擧げてゐます。

此の時に當りツルーマン米國大統領は日本國民に對し日本の軍國主義者を撃滅せんとする米國の斷乎たる決意と無條件降伏の意味とを述べた聲明を發したが此處に再び國民諸君の熟考に供する爲にその聲明を御傳へいたす事にします。

「ナチス独逸はついに潰滅し去った、今や日本國民は我が陸海空軍の偉力をつくづく心から感じた事であらう　もし日本が軍首腦部の

（裏に続く）

ドイツ降伏後に日本本土にまかれた米軍の伝単（ビラ）。「無条件降伏」の対象とされているのは「日本の陸海軍」であり、「日本国民の滅亡又は奴隷化を意味するものではない」と明言されている。

ところが本国政府は相変わらず抽象的な言葉を並べて、あたかも米英と対等な交渉をしようとしているかのようにさえ見える。佐藤は本国からの訓電内容に失望していたのだ。

佐藤大使と東郷外相の間では七月十一日からは連日二～三通の緊急電がやりとりされていた。佐藤大使はそれらの電文を読み、本国政府の現状認識の甘さにいらだちさえ覚えていた。七月十三日夜、佐藤大使は東郷外相にこんな緊急電を打っている（二十二時四十分発）。

「特使御派遣に対しソ連側も今回は同意し来るべしと察せらるるも実際回答に接するまでは何とも申しがたし」と冒頭で言い放った後、こう続けている。

「貴電八九三号により平和克復につき聖上《せいじょう》御軫念《しんねん》の御模様を拝し只管《ひたすら》恐懼《きょうく》罷《まか》り在る次第なるも、特別の御内意をもって御派遣の特使がもたらすべき日本政府の提案にして、従来の範疇を出でず抽象的文句を連列せる具体性に乏しきものなりとせば、唯に当国要路の失望を買ふのみならず日本政府の誠意なき態度に大なる不満を感じ、惹いては累を皇室に及ぼすに至るべく本使はこの点につき大なる危惧を感ずるものなり」

さらに佐藤大使は、七月十五日の発電では「結局、帝国において真実戦争終結を欲する以上、無条件又はこれに近き講和をなすの他なきこと真にやむを得ざるところなり」と書き、特使派遣を最終決定するときは、戦争終結の具体的提案をもたらすことに「廟議決定を切望する次第なり」と、終戦の決断を迫るものだった。

トルーマンを勇気づけたアメリカの原爆実験成功

「日本を安心させて眠らせておけ」とスターリンにあしらわれた日本の和平仲介工作

日本の和平工作開始を知ったスチムソン長官の対日警告案

東郷茂徳外相とモスクワの佐藤尚武大使が緊急電でやり合っているちょうどそのとき、世界もまた激しく動いていた。前述したように米英ソ三国首脳はベルリン近郊のポツダムで会談を行うために、大勢のスタッフとともに会合場所に乗り込んでいた。

当初、会談は七月十六日から始めることになっていたが、ソ連のヨシフ・スターリン首相がモスクワを出発する日の十三日に軽い心臓発作を起こしたため、出発が一日遅れ、会談開始も十七日にされた。米大統領のハリー・S・トルーマン一行と英首相ウインストン・S・チャーチル一行は、ともに十五日にはポツダムのすぐそばにあるバーベルスベルク町の宿泊先に到着していた。

翌七月十六日の午後、トルーマンとチャーチルはスケジュールが一日空いたのを利用して、それぞれ別個にベルリンの廃墟を見るためにバーベルスベルクを車で出発した。トル

会談開始が1日遅れたため、トルーマンとチャーチルはそれぞれ写真のように廃墟と化したベルリンを見てまわった。

ーマンには、コーデル・ハルに替わって七月三日に国務長官に就任したばかりのジェイムス・F・バーンズと大統領付幕僚長のウィリアム・D・レーヒ海軍大将が同行した。
ベルリン市内は、ほとんどすべての建物が破壊されていた。トルーマンは回想している。
「二時間の自動車旅行で、世界の大悲劇の実体、破壊の跡を見た。私は、米国がこの戦争の表現できない恐ろしい破壊から免れたことを感謝した」（『トルーマン回顧録』堀江芳孝訳）
トルーマン大統領たちがベルリンの廃墟見学に出かけていたとき、バーベルスベルク町の「小ホワイトハウス」では、ヘンリー・L・スチムソン陸軍長官が陸軍次官のジョン・J・マックロイ、陸軍長官特別補佐官のハーヴェイ・H・バンディの二人とともに「対日戦争指導」と題する大統領への覚書を書いていた。

小ホワイトハウスとは、トルーマンたち米政府首脳の宿舎に割り当てられた三階建ての民家のことで、ドイツ映画界のボスの家だという。当のボスはソ連に連行されたとかで、空き家になっていた。

スチムソン長官は、この覚書のなかに「日本に対する警告」という一節を入れた。米海軍情報部は日本の外交暗号を解読していたので、七月十一日から十三日にかけて東郷外相と佐藤駐ソ大使の間で交わされていた近衛特使派遣の電文も傍受し、解読文はバーベルスベルクのスチムソン長官の元にも送られていた。その電文によれば、日本はソ連を和平の仲介者として終戦を考え始めている。いまこそ日本に降伏をするよう警告を与える時だと考えたからである。

スチムソンは書いた。

「……一方、わが戦闘計画は予定どおりこれを進め、もしも日本軍がさらなる抗戦を続けるならば、わが新兵器の全力を投入し、その間にソ連参戦の裏付けをしながらさらに強い警告を日本に与えるべきであると考える」

スチムソンの持論とも言える対日警告案は、日本が降伏勧告を受け入れやすくするため、暗に天皇制の存続を認める内容とし、それを拒否した場合は強大な破壊力をもった新兵器の使用も辞さないというものだった。新兵器とは、原子爆弾である。

夕刻早く、スチムソン長官は覚書をまとめ終えると、原爆テストの結果報告をじりじりしながら待った。

原爆実験成功の報ポツダムに届く！

トルーマン大統領一行がバーベルスベルクの宿舎で目を覚まそうとしていた七月十六日午前五時二十分、アメリカのニュー・メキシコ州の暗号名「トリニティ」の原爆実験地（アラモゴード）では秒読みが開始されていた。高さ三十メートルの鉄塔の上に置かれた、デブちゃんとあだ名された爆弾の発火装置のスイッチが入るのは午前五時半である。爆弾といっても、その大きさはグレープフルーツと同じくらいのプルトニウムの玉だ。

発火スイッチは五時半きっかりに入れられた。暗号名「マンハッタン工兵管区計画」、通称マンハッタン計画と呼ばれた原爆製造計画の責任者レスリー・R・グローブス陸軍少将（のち中将）は、その瞬間をこう回想している。

「私はブッシュとコナント両博士の間の地面に突っ伏していた。最後の数秒間に私が考えていたことは、もし秒読みがゼロを告げたときに何事も起こらなかったら、自分は何をな

1945年7月16日、ニューメキシコ州アラモゴードで行われた原爆実験の際のキノコ雲。原爆開発は20億ドルの費用を投入した国家的プロジェクトだった。

すべきか、ということだった。

ところが、私はこの心配から解放された——というのは、爆発はまさしく一九四五年七月十六日の午前五時半に、秒読みのゼロとともに起こったからである。

私の目に第一に飛びこんだのは巨大な光のひろがりであり、次に向き直ったとき見たのは今はなじみ深いあの火球だった。ブッシュ、コナントと私の三人は、この現象をながめながら地面の上にすわったまま、無限の感動をこめて、ただ無言の握手をかわした」（『原爆はこうしてつくられた』冨永謙吾・実松譲共訳）

マンハッタン計画のロスアラモス科学研究所（原爆組み立て）所長ジュリアス・ロバート・オッペンハイマー博士は、現場から約九キロ離れたコントロール小屋にいた。そして彼は回想している。

「私たちは爆発が終わるまで待ち、小屋から歩いて出た。それは実に荘厳なものであった。私たちは世界が変わったことを知った。あるものは笑い、あるものは大声を出したが、大部分のものは黙っていた」

原爆の実験は大成功だった。グローブス少将はただちに実験の結果をワシントンの秘書に伝えた。秘書はスチムソン陸軍長官が不在中の代理人ジョージ・ハリソン補佐官に大急ぎで伝えた。ハリソンはバーベルスベルクのスチムソン陸軍長官に打電した。

「今朝、手術を行った。診断はまだ終わっていないが、結果は満足すべき模様で、すでに期待を上回っている。グローブス医師（少将）は喜んでいる。彼は明日帰り、詳細を報告する予定」

スチムソンが待ちに待ったこの報告電を手にしたのは十六日の午後七時三十分だった。スチムソンは即座に報告電報を小ホワイトハウスにもって行き、

マンハッタン計画の総責任者であるグローブス陸軍少将（右）とオッペンハイマー博士。この2人が原爆工場の用地探しの段階から責任者としてかかわり、戦争を終結に導く「最終兵器」を造りあげた。

トルーマンとバーンズに見せた。電報では実験の詳細は分からなかったが、大成功であったことは間違いない。トルーマンもバーンズも大喜びで、さも満足そうな表情を見せた。

翌朝、スチムソン長官はバーンズを訪ねた。そして昨晩渡した覚書を取り上げて、日本に対して早く警告を発するべきであると説いた。しかし、バーンズは賛成しなかった。警告を出すのはもっと後になってからでもいいし、その場合でも、天皇に関する約束は含めないことにすると言った。バーンズの発言は、明らかに大統領の承認を得たものとスチムソンは判断し、それ以上の論争はしなかった。

スターリンに軽くあしらわれた日本の近衛特使派遣構想

トルーマン、チャーチル、スターリンの三カ国首脳会談は、一九四五年七月十七日午後五時からポツダムのツェツィーリエンホーフ宮殿で開始された。会談は八月二日までの十七日間にわたった。会議の主要議題は第二次世界大戦の戦後処理であったが、同時にソ連の対日参戦を含めた日本との終戦についても話し合われた。

提唱したのはチャーチルで、ドイツ屈服後の東欧やバルカン地域への進出を狙っているソ連を、アメリカに押さえさせようとしたのである。そのアメリカのトルーマンの興味は、

7月17日午後5時、ツェツィーリエンホーフ宮殿でポツダム会談が開会した。トルーマン(左下）と、左右に通訳のボーレンとバーンズ。チャーチル（左上）と、左右に通訳のバースとイーデン。中央上には、途中からチャーチルを引き継ぐアトリー。右にはタバコを手にしたスターリンと、左右に通訳のパブロフとモロトフ。

戦後の欧州処理問題もさることながら、対日戦をいかに勝ち抜くかにあった。すなわちソ連を対日戦に参戦させることで、終戦を早めようという計算から首脳会談開催に賛成したのだった。そして一方のスターリンは、ソ連軍の対日参戦を八月半ば以降と考えており、その前に日本が降伏しないよう祈るだけだった。

そのスターリンが、会談二日目の七月十八日午後三時過ぎ、表敬訪問に訪れたトルーマンに言った。

「実は、日本から和平特使として近衛公をモスクワに派遣したいという問い合わせが来ている。どうしたものだろうか」

そしてスターリンは佐藤駐ソ大使の覚書と、天皇の親書のコピーをトルーマンに手渡した。前述したように米海軍は日本の外交暗号を解読しており、すでに近衛特派の動きは大統領にも報告があったが、それは口には出さなかった。

「関心ないね」

トルーマンが答えると、スターリンは言った。

「わが国はまだ日本と戦争をしていないから、日本を安心させて眠りに誘っておくため、近衛公を特使として出すとの提案の内容がよくわからないからと指摘して、具体性のない返事をしてもよい。それとも無視して返事を出さなくてもかまわない」

トルーマンは「特使の目的がよくわからない」と言ってやったらどうだろうと答えたという。

このスターリンの結論は、すぐさまモスクワのロゾフスキー人民委員代理に打電され、その日のうちに佐藤大使に親書で伝えられた。

「七月十三日付貴翰《きかん》並びに日本皇帝のメッセージを受領せることを茲に確認するものなり。ソビエト政府の命により、本官は日本皇帝のメッセージ中に述べられたる思召《おぼしめし》は一般的形式を有し、何ら具体的提議を包含しおらざることに付貴大使の注意を喚起するの光栄を有す。ソビエト政府にとり、特派使節近衛文麿公爵の使命がいずれにあるやも亦不明瞭なり。

右によりソビエト政府は日本皇帝のメッセージに付、又七月十三日付貴翰中に述べられたる特派使節近衛公爵についても何ら確たる回答をなすこと不可能なり。本官は茲に貴大使に向て敬意を表し候　　　　　　　　　　　　　　　　　　　　　敬具」

佐藤大使はこのソ連の回答を東郷外相に報告し、東郷は七月二十一日に「近衛特使の目的は、ソ連の斡旋により敵側と無条件降伏ではない形での和平を実現したいためである」ことを伝えよと訓電した。

ところが東京からの訓電はなぜか遅れ、佐藤大使のもとに到着したのは二十四日だった。佐藤は翌二十五日にクレムリンを訪ねて、ロゾフスキーに訓令の内容を申し入れた。ロゾフスキーは速やかに回答すると答えたが、その翌七月二十六日、ポツダムのトルーマンは対日宣言、いわゆる「ポツダム宣言」を発表、近衛特使派遣問題は立ち消えとなる。

日本に発せられた最後通告「ポツダム宣言」

連合国側に利用される鈴木首相の最後通告「黙殺」発言

原爆実験成功の詳細を知り俄然強気になった米大統領

ポツダムにおける対日軍事戦略は、ソ連は日本に対してはまだ中立の立場にあったため、米英軍事専門家委員会で連日討議されていた。トルーマン大統領とチャーチル英首相が承認を与えた軍事委員会の対日最終戦略は、封鎖と空襲で日本の海軍力と空軍力を破壊した後に日本本土に上陸し、要衝を占領する。作戦はアメリカ統合参謀長会議が掌握し、ソ連の参戦とイギリス空軍の参加を得て、昭和二十一年十一月十五日までに日本の組織的抵抗を終わらせるというものであった。

しかし、軍事専門家委員会が出した対日最終戦略に対し、ポツダムにいるトルーマンの考えは大きく変わっていた。原因は原爆実験の成功である。

原爆開発責任者のグローブス少将から、爆発実験報告の第二報がポツダムに届いたのは実験翌日の七月十七日だった。そして二十一日の昼前には、グローブス少将が徹夜で書き上げた詳細な報告書を、伝書使がスチムソン陸軍長官のもとに飛行機で運んできた。報告書を読んだスチムソンは小ホワイトハウスに行った。トルーマンはスチムソンを事務室に招き入れ、宿舎にいるバーンズ国務長官、レーヒ提督（大統領付幕僚長）、マーシャル大将（陸軍参謀総長）、アーノルド大将（陸軍航空部隊総指揮官）、キング大将（合衆国艦隊司令長官）を至急呼び集め、スチムソンが読み上げる原爆実験報告を聞いた。

トルーマンは回顧録に書いている。

「このテストが科学者たちのもっとも楽観的な期待に的中したばかりでなく、米国が桁はずれの爆発力を持つにいたったことを知った」と。

アメリカ首脳に原爆実験報告を聞かせた後、スチムソンは同じバーベルスベルクのイギリス代表の宿舎にチャーチルを訪ね、原爆実験報告書を見せた。その瞬間、チャーチルはこれで「われわれはもうロシア軍を必要としない」と思った。その思いはトルーマンも同じで、会談での態度が一変した。

スチムソン陸軍長官は七月二十二日の日記に書いている。

1942年9月、ルーズベルト大統領から原爆計画の総指揮官に就任することを承認されたグローブス陸軍少将。陸軍工兵学校に学び、その後国防総省として有名になる陸軍省庁舎の建築の指揮をとり「陸軍随一の兵営建築家」という名声を得ていた。

「チャーチル首相はグローブスの報告書全文を読んだ。彼は、昨日の三巨頭会談でトルーマン大統領の態度が何かの出来事でひじょうに強気になっており、ソ連の諸要求についてはそれはむりであること、合衆国はその要求に反対だと語りながら、断固決然たる態度でソ連側に応酬したことに気づいた、と私に語った。さらにつづけて、彼は次のようにいった。

『トルーマン氏に昨日何が起こったかよくはわからなかったが、今やわかった。彼がこの報告書を読んでから会談にやってきたとき、彼はまるで別人のようになっていた。彼はソ連人に対し、彼らがどこで乗り、どこで降りるべきかを指示するように話し、会談全体を指導した』

そして、この元気づけがいかにして起こったかを自分は今や理解し、共感を感じた、と チャーチル氏は述べた」(『原爆はこうしてつくられた』より)

アメリカの原爆開発を知ってもスターリンは驚かなかった

チャーチルの観察は鋭かった。事実トルーマンは、原爆をもった以上、今や日本を制圧するのにソ連の援助は必要なくなったと考えはじめていた。そこで七月二十三日朝の会議で、トルーマンはスチムソン陸軍長官に、陸軍作戦の最高指揮官であるマーシャル参謀総長の見解を知りたいと言った。

その日の午後、スチムソンはマーシャルに会った。マーシャルもまたソ連の協力は必要なくなったと述べた。しかしマーシャルは、米英がソ連の対日参戦を希望しなくても、ソ連が満州を手に入れようと決心すれば、それを阻止することはできないと考えていた。

結局、米英首脳は、ソ連の参戦は必要としなくなったが、あえて阻止することもしない。しかし、後日バーンズ国務長官が「個人的には私は日本がソ連の参戦する前に降伏して終戦をもたらす知恵を働かすことを祈っていた」と言うように、日本へ降伏勧告を発するときがきたことを米英首脳は考え始めたのである。

グローブス少将からの報告書には、天候さえよければ七月三十一日には日本への最初の原爆投下が可能とある。トルーマンは、今こそ日本に最後通告（ポツダム宣言）を発する時であると判断した。

しかし、その前にやっかいな仕事が残っていた。原爆に関してスターリンになにを伝えたらいいのか、トルーマンはまだ決めていなかったのだ。バーンズはスターリンに原爆計画の詳細を伝えることには消極的だった。なぜならば、スターリンは原爆実験の成功を知れば、対日参戦を早めるおそれがあるからだ。そこでトルーマンとバーンズは相談し、大

ルーズベルト大統領に原爆開発を訴える手紙を出したアインシュタイン。ドイツの原子力開発を危惧するコロンビア大学の研究者たちに相談を受けたアインシュタインが、代表として手紙に署名したのだった。写真右はオッペンハイマー博士。

統領がスターリンにさりげなく歩み寄り、口頭で実験の結果を告げようということになった。

七月二十四日の第八回会議が終わった午後七時三十分、トルーマンは大テーブルから立ち上がると、スターリンのほうにブラブラと歩み寄った。そのトルーマンを見たバーンズとチャーチルは、大統領がなにをするのかすぐにわかった。二人はトルーマンを見守った。トルーマンはのちに回想している。

「私はさりげないふりをして、われわれは異常な爆発力を持つ新兵器を持っている、とスターリンに伝えた。すると彼は『それは結構です。それを日本に対し有効に使われることを希望します』と答えただけだった」

このスターリンの落ち着いた態度に対しては、いろいろと推測がたてられている。スターリンはトルーマンが口にした「新兵器」の意味がわからなかったのではないか、というのがもっぱらだった。

一方、スターリンはアメリカの原爆開発も実験成功もすでに知っていたから、トルーマンから聞いても特別驚かなかったのだという説もある。実際、七月十六日午前五時三十分、アラモゴードで人類初の原子爆弾が爆発したとき、マンハッタン計画のイギリス人科学者クラウス・フックス博士も目撃していた。のちに彼は原爆開発の詳細なデータをソ連に流していたスパイだったことが判明する。当然、実験成功の報告をソ連に送っていても不思議はないからである。

それはともあれ、二十世紀の核競争が、この日七月二十四日の夕刻、ここポツダムのツェツィーリエンホーフ宮殿で始まったのは事実である。

ポツダムから発せられた原爆投下命令と対日降伏勧告

トルーマンにはさらにいくつかの仕事が残されていた。一つは日本への原爆投下命令にサインすることで、もう一つは日本に降伏を勧告する宣言文を発表することである。

グローブス少将が起案した原爆投下命令案は、七月二十四日の午後、ワシントンの参謀総長代理から戦略空軍司令官カール・スパーツ陸軍中将宛に発せられると同時に、大統領の正式承認を得るためにポツダムにも送られた。命令案は四項目から成っており、その第一項は次のようだった。

一、第二〇航空軍第五〇九混成部隊は、一九四五年八月三日頃以降、天候の許す限り速やかに次の目標の一つに最初の特殊爆弾を投下せよ。

広島、小倉、新潟、長崎

そして第三項はこう記している。

「本兵器の対日使用に関する情報は、陸軍長官ならびに大統領以外にはいっさい漏らさないこと。あらかじめ特別の許可なく、現地指揮官は本件に関しコミュニケまたは新聞発表を行わないこと。ニュース記事はすべて陸軍省の特別検閲を受けること」

七月二十五日、トルーマン大統領は原爆投下命令書にサインした。このとき、対日降伏勧告宣言はまだ発せられていなかった。その宣言文は、すでにトルーマンの手元に用意されていた。七月二日にスチムソン陸軍長官が提出した対日通告案を、トルーマンとバーンズ国務長官が修正したものである。

スチムソンの草案は五月二十八日に開戦まで駐日大使だったグルー国務長官代理が提出したもので、グルーが国務省の知日派のメンバーとともに作成したものである。草案は日本に天皇制を残すことを認めたものだったが、最終宣言には入っていなかった。バーンズの回想録『率直に語れば』によれば、トルーマンとバーンズは「天皇の将来の地位に言及した部分を削ったほかは、スチムソンの草案と大差はなかった」ものを最終案とした。

対日宣言の最終案は七月二十四日にチャーチルに示され、同時に重慶駐在のパトリック・J・ハーリー大使にも暗号電で送られ、ただちに蒋介石総統の同意をとるよう訓令された。ソ連はまだ日本とは中立関係にあったから、宣言には参加していない（対日宣戦布告後に参加）。

トルーマンが原爆投下命令書にサインした七月二十五日、チャーチルがロンドンに帰った。この日はイギリスの総選挙の投票日で、チャーチルの保守党は劣勢を伝えられていたからだ。

　チャーチルは出発に先立ち、トルーマンから対日降伏勧告宣言文のコピーと手紙を受け取った。手紙には、蒋介石総統から返事があり次第、閣下が賛成されるならこの宣言を発表したいとあった。チャーチルは「閣下が適当と判断されるときに、この宣言を発表す

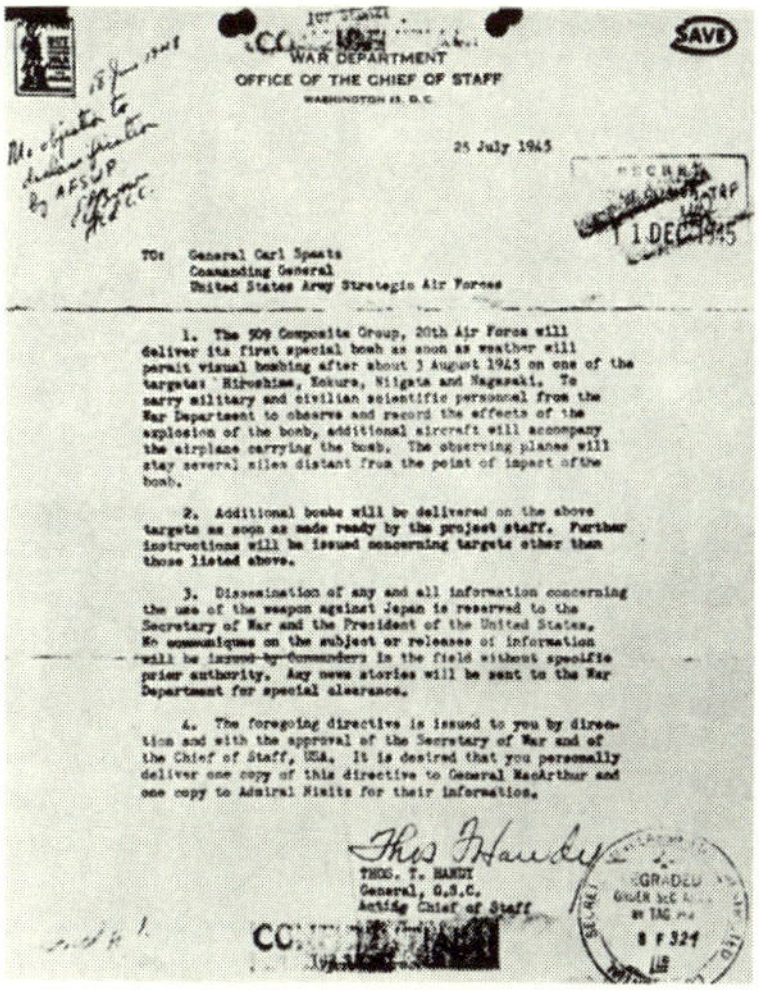
[redacted]
WAR DEPARTMENT
OFFICE OF THE CHIEF OF STAFF
WASHINGTON 25, D.C.

25 July 1945

TO: General Carl Spaatz
Commanding General
United States Army Strategic Air Forces

1. The 509 Composite Group, 20th Air Force will deliver its first special bomb as soon as weather will permit visual bombing after about 3 August 1945 on one of the targets: Hiroshima, Kokura, Niigata and Nagasaki. To carry military and civilian scientific personnel from the War Department to observe and record the effects of the explosion of the bomb, additional aircraft will accompany the airplane carrying the bomb. The observing planes will stay several miles distant from the point of impact of the bomb.

2. Additional bombs will be delivered on the above targets as soon as made ready by the project staff. Further instructions will be issued concerning targets other than those listed above.

3. Dissemination of any and all information concerning the use of the weapon against Japan is reserved to the Secretary of War and the President of the United States. No communiques on the subject or releases of information will be issued by Commanders in the field without specific prior authority. Any news stories will be sent to the War Department for special clearance.

4. The foregoing directive is issued to you by direction and with the approval of the Secretary of War and of the Chief of Staff, USA. It is desired that you personally deliver one copy of this directive to General MacArthur and one copy to Admiral Nimitz for their information.

THOS. T. HANDY
General, G.S.C.
Acting Chief of Staff

[redacted]

マーシャル参謀総長代理トーマス・ハンディ少将名で、サイパンのスパーツ陸軍中将宛に出された原爆投下命令書。ポツダム宣言発表の前日に原爆の投下命令は出されていた。

1943年11月に行われたカイロ会談。第2次大戦開戦後、何度も会談を持っていたルーズベルトとチャーチルに蔣介石が加わり、日本が侵略した領土の返還、朝鮮の独立などの戦後処理案が示されるとともに、日本が無条件降伏するまで戦うことが宣言された。写真右端は蔣介石夫人の宋美齢。

ることを望みます」と返書を書いた。

七月二十六日、チャーチルの保守党が選挙に敗れたというニュースと、蔣介石が対日宣言文を承認したという報告がほぼ同時にポツダムに届いた。蔣介石の回答は、「自分は中国の元首であるから、チャーチルの前に自分の名前が置かれるべきである」ということを伝えてきただけであったという。

この夜の七時、対日降伏勧告宣言、いわゆる「ポツダム宣言」（P212）が発表された。宣言文のコピーは、解禁時間午後九時二十分の指定付きで報道陣にも配布された。宣言は、その夜サンフランシスコの中継所を通して日本に送られた。

外務省幹部はポツダム宣言受諾で一致したが……

ポツダム宣言は日本の六カ所の受信所でキャッチされた。外務省のモールス・キャスト、ヴォイス・キャスト、陸軍省の受信所、海軍省の受信所、同盟通信のモールス受信所、同盟とNHKの愛宕山リスニング・ポストである。

ポツダム宣言を知った外務省首脳は七月二十七日早朝、松本俊一次官を中心とした局長級の定例幹部会を開き、これを検討した。その結果、宣言のいう無条件降伏は言葉のアヤで、講和となれば必ず一種の交渉を要するのだから、軍隊同士の戦闘で使われてきた無条件降伏という言葉にとらわれる必要はない。また国体についても、選択を国民の自由意思に委《まか》せるとあるから、ここは国民を信頼して宣言を受け容れるべきであるということになった。

もう一つ外務首脳たちをホッとさせたのは、サレンダー（降伏）という言葉ではなく、end this war（この戦争を終わる）とあった点である。このとき外務省政務局長だった安東義良は「降伏といえば軍が承知しないが、終戦というならいけそうな気がした。敗戦ではなく終戦と後に称したのは、このとき心中で決めたのであるが、いまにして思えば少し面はゆい」と回想している（鹿島平和研究所編『日本外交史』25より）。

東郷外相もこの結論に賛成し、その日午前、天皇に上奏して意見を述べた。つまり、この宣言は一般的なものでなお研究の余地がある。それについてはソ連を通じて十分判明するよう折衝したいというものであった。

引き続いて開かれた最高戦争指導会議構成員会議では、豊田軍令部総長が統帥部を代表して強硬に宣言の拒否を主張し、激論が展開された。

会議の席にいた内閣書記官長の迫水久常は書いている。

「いろいろ論議はあったが、目下対ソ交渉中であるので、ソ連の回答を待って処理することとしてもおそくはないとの意見が強く、結局、この際はこの宣言の諾否をきめず、一応事態の推移をみることに方針をきめたのであった。そして、この宣言を、新聞やラジオに発表することについては、東郷外相は、しばらく延期したほうがよいという見解であったが、早く発表するほうがよいという意見もあり、阿南陸相は、発表する以上これに対する断固たる反対意見を添え、民意の向うべきところを明らかにすべきであると所見を述べられたが、結局、この点については、特に国民の戦意を低下させる心配のある文句を削除して発表する。政府の公式見解は発表しない。新聞はなるべく小さく調子を下げて取扱うように指導する。新聞側の観測として、政府はこの宣言は無視する意向らしいということを付加することは差支えないということにするように方針をきめた。翌二十八日の新聞紙は、この方針にしたがって編集され、したがって国民の大多数には、大きな衝撃をあたえず、『ああまた敵の謀略宣伝放送か』ぐらいに感じたものが多いが、識者のなかには、この宣言の重要性を意識し、終戦の好機と考えたものも少なくない」（『機関銃下の首相官邸』）

朝日新聞

依然南方洋上に

米英重慶、日本降伏の

最後條件を聲明

三國共同の謀略放送

政府は默殺

多分に宣傳と對日威嚇

ポツダム宣言の発表を報じる7月28日付の朝日新聞。政府の指示通りトップの扱いではなかった。「多分に宣伝と対日威嚇」と評している。

重大な結果を招く鈴木首相の「黙殺」発言

ところが新聞でポツダム宣言の内容が報道された七月二十八日、宮中で開かれた情報交換会議において、軍側、とくに統帥部から、この宣言をそのままにしておくことは軍の士気に大きく影響する。したがって、これを無視するとの政府の正式発表を行うべしとの強硬な申し入れが行われた。

鈴木首相はこの申し入れを受け入れ、その日開かれた記者会見で、「この宣言はカイロ宣言の焼き直しで、政府としては重く見ていない。ただ黙殺するのみである。われわれは戦争完遂に邁進する」とのコメントを発表した。

この首相声明は七月三十日の新聞各紙で報じられ、アメリカの原爆投下の理由となり、さらにソ連の参戦の口

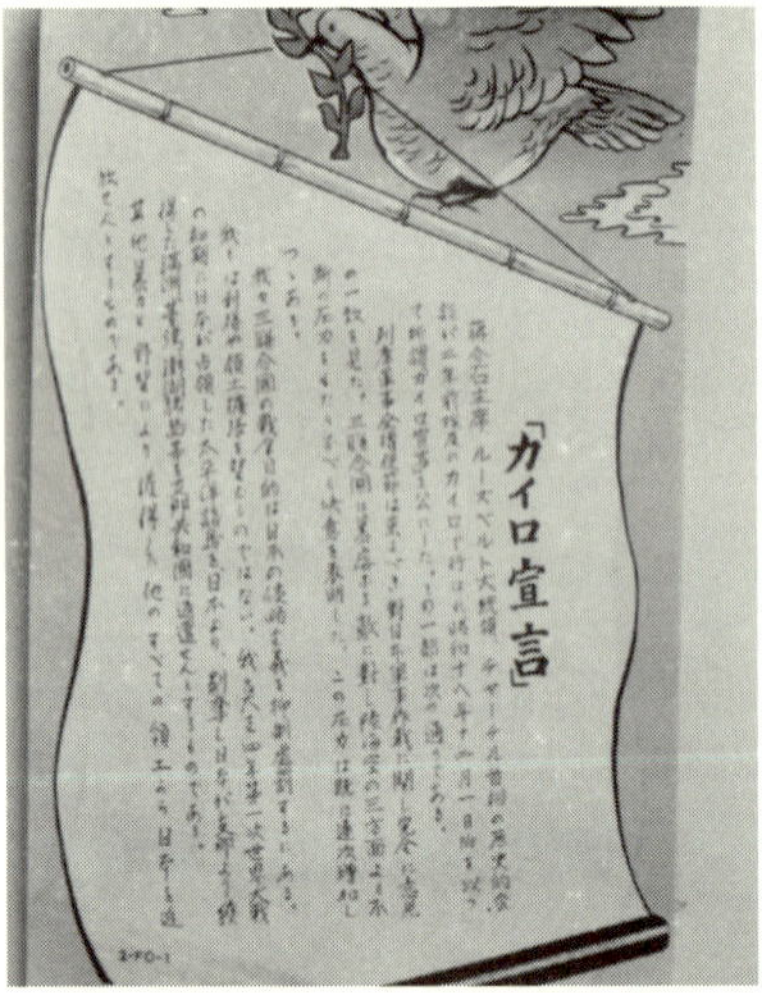

「カイロ宣言」の内容を伝える米軍の伝単。米英中の戦争目的は「第一次世界大戦の初期に日本が占領した太平洋諸島を、日本より、剥奪し日本が支那より獲得した満州、台湾、澎湖諸島帯を支那共和国に返還せんとするものである」と表明している。鈴木首相はポツダム宣言をこの「カイロ宣言の焼き直し」として、「黙殺」した。

実にもされる。

ところでこの鈴木首相の「黙殺」発言は、陸海軍省の両軍務局長と迫水書記官長が話し合いで文言を決め、新聞記者に「ポツダム宣言に対する首相のお考えは？」と質問させて首相が答えるという筋書きをつくり、実行させたものである。すなわちヤラセだった。それが、とんでもない重大事を引き起こしてしまったのである。

迫水は前掲書に書いている。

「私はここで、『黙殺』という言葉について釈明しておかねばならない。私の心持ちでは、近ごろではだれもが使う『ノー・コメント』という程のことであった。当時は英語は禁制で、野球でもストライクを『よし』、ボールを『だめ』といった時代だから、英語を使うわけにはいかないが、同盟通信社では、このニュースを海外に放送するについて、黙殺というのを『イグノア』と訳したらしい。それが先方の新聞には、さらに『リジェクト』という言葉で報道されてしまったのであった」

鈴木首相は、のちの自伝に「この一言は後々に至るまで、余の誠に遺憾と思う点であり……」と述べているが、すべては後の祭りであった。

ポツダム宣言発出二週間後、「私の役割は終えた」として、陸軍長官を辞任したスチムソンは述懐している。

「七月二十八日、日本の鈴木首相は、ポツダムからの最後通告を拒否した。……この拒否にあって、わが方は最後通告で述べた内容を実地に示す処置を執《と》るだけとなった。すなわち日本が戦争を継続するならば、一切のわが軍事力を以て、断乎日本の武力を撃滅し、又本土を完膚なきまでに破壊する外やむを得ない実情に迫られた。この目的のためには原爆が最も適当な武器であった」（『原爆投下決定』より）

八月一日。スイスにあった加瀬俊一《かせしゅんいち》公使（外務次官の加瀬俊一《としかず》とは別人）から、ポツダム宣言の受諾を進言する電報が到着した。これはポツダム宣言とクリミヤ対独宣言とを詳細に比較検討し、ポツダム宣言がクリミヤ宣言にくらべて相当に緩和されていること、さらにこれを出すにいたったアメリカ側の動機、ソ連の今後の出方などについて述べたうえで、受諾すべしと結論づけたものであった。

米、英、華三国宣言（一九四五年七月二十六日「ポツダム」に於て）

一、吾等合衆国大統領、中華民国政府主席及「グレート・ブリテン」国総理大臣は、吾等の数億の国民を代表し協議の上、日本国に対し今次の戦争を終結するの機会を与ふることに意見一致せり。

二、合衆国、英帝国及中華民国の巨大なる陸、海、空軍は西方から自国の陸軍及空軍に依る数倍の増強を受け、日本国に対し最後的打撃を加ふるの態勢を整へたり。右軍事力は日本国が抵抗を終止するに至る迄、同国に対し戦争を遂行するの一切の連合国の決意に依り支持せられ、且鼓舞せられ居るものなり。

三、蹶起せる世界の自由なる人民の力に対する「ドイツ」国の無益且無意義なる抵抗の結果は、日本国国民に対する先例を極めて明白に示すものなり。現在日本国に対し集結しつつある力は抵抗する「ナチス」に対し適用せられたる場合に於て、全「ドイツ」国人民の土地、産業及生活様式を必然的に荒廃に帰せしめたる力に比し、測り知れざる程度に強大なるものなり。吾等の決意に支持せらるる吾等の軍事力の最高度の使用は、日本国軍隊の不可避且完全なる壊滅を意味すべく、又同様必然的に日本国本土の完全なる破壊を意味すべし。

四、無分別なる打算に依り、日本帝国を滅亡の淵に陥れたる我儘なる軍国主義的助言者に依り日本国が引続き統御せらるべきか、又は理性の経路を日本国が履むべきかを日本国が決定すべき時期は到来せり。

五、吾等の条件は左の如し。
吾等は左条件より離脱することなかるべし。右に代る条件存在せず。吾等は遅延を認むるを得ず。

六、吾等は無責任なる軍国主義が世界より駆逐せらるるに至る迄は平和、安全及正義の新秩序が生じ得ざることを主張するものなるを以て日本国国民を欺瞞し、之をして世界征服の挙に出づるの過誤を犯さしめたる者の権力及勢力は永久に除去せられざるべからず。

七、右の如き新秩序が建設せられ、且日本国の戦争遂行能力が破砕せられたることの確証あるに至るまでは、連合国の指定すべき日本国領域内の諸地点は吾等の茲に指示する基本的目的の達成を確保するため占領せらるべし。

八、「カイロ」宣言の条項は履行せらるべく、又日本国の主権は本州、北海道、九州及四国並に吾等の決定する諸小島に局限せらるべし。

九、日本国軍隊は完全に武装を解除せられたる後、各自の家庭に復帰し平和的且生産的の生活を営むの機会を得しめらるべし。

十、吾等は日本人を民族として奴隷化せんとし、又は国民として滅亡せしめんとするの意図を有するものに非ざるも、吾等の俘虜を虐待せる者を含む一切の戦争犯罪人に対しては厳重なる処罰を加へらるべし。日本国政府は日本国国民の間に於ける民主主義的傾向の復活強化に対する一切の障礙を除去すべし。言論、宗教及思想の自由並に基本的人権の尊重は確立せらるべし。

十一、日本国は其の経済を支持し、且公正なる実物賠償の取立を可能ならしむるが如き産業を維持することを許さるべし。但し日本国をして戦争の為再軍備を為すことを得しむるが如き産業は此の限に在らず。右目的の為原料の入手（其の支配とは之を区別す）を許可さるべし。日本国は将来世界貿易関係への参加を許さるべし。

十二、前記諸目的が達成せられ、且日本国国民の自由に表明せる意思に従ひ平和的傾向を有し、且責任ある政府が樹立せらるゝに於ては連合国の占領軍は直に日本国より撤収せらるべし。

十三、吾等は日本国政府が直に全日本国軍隊の無条件降伏を宣言し、且右行動に於ける同政府の誠意に付適当且充分なる保障を提供せんことを同政府に対し要求す。右以外の日本国の選択は迅速且完全なる壊滅あるのみとす。

第Ⅵ章

原爆投下とポツダム宣言受諾

広島の原爆投下の照準点になった相生橋（中央上方のT字形の橋）周辺。相生橋のすぐ下の建物が「原爆ドーム」となる産業奨励館。

一時はポツダム宣言を「黙殺」した
日本政府だったが、
原爆投下とソ連の参戦により
ポツダム宣言の受諾に傾く。
しかし、「降伏条件」を巡り
和平派と強硬派の対立はさらに続く。

広島への原爆投下で終戦に動き出した政府首脳

トルーマン大統領の原爆投下と降伏勧告声明に大揺れの日本の首脳たち

ついに出された原爆投下命令、第一目標はヒロシマ

昭和二十年七月三十一日、マリアナ諸島テニアン島に飛んだマンハッタン計画副司令官トーマス・B・ファーレル准将は、ワシントンのグローブス少将（マンハッタン計画司令官）に原爆投下の準備がすべて完了したことを報告した。七月二十五日にトルーマン大統領がポツダムから出した原爆投下命令も、すでにグアム島にいる第二〇航空軍の第二一爆撃部隊司令官カーチス・E・ルメイ少将に届いていた。残るは爆撃部隊に出撃命令を出すだけだった。

八月二日、ルメイ少将はテニアンの第五〇九爆撃隊第一三特別爆撃隊に対する極秘の作戦命令を出した。原爆攻撃命令である。

第二〇航空軍司令部作戦命令書十三号

攻撃日　八月六日
攻撃目標　広島市中心部と工業地域
予備第二目標　小倉造兵廠並びに同市中心部
予備第三目標　長崎市中心部
特別命令　目視投下に限る
投下高度　二万八〇〇〇～三万フィート
飛行速度　時速二〇〇マイル

第1目標「ヒロシマ」への原爆投下作戦を前に、マリアナ諸島のテニアン基地での最後の攻撃目標説明会に集まった第509爆撃隊の搭乗員たち。

非戦闘員の殺傷をできる限り避けるために、広島という軍事基地に世界で最初の原爆が投下されたという八月九日のトルーマン大統領の声明が偽りであることは、この攻撃命令によって明らかであろう。

同日、特使派遣よりもポツダム宣言の受諾をという佐藤尚武駐ソ大使の意見具申に対し、東郷外相は「終戦のためにはソ連の仲介を得ることのみが政府の方針。目下の貴下の急務はただソ連に特使の受け入れを同意

テニアンの爆撃隊に原爆攻撃命令を出したルメイ少将。45年1月末から日本空襲の指揮をとり、市街地への無差別絨毯爆撃を始めたのもルメイだった。

させることである。なんとかして同意させるよう努力されたい。ここで一日を失うことは悔いを千載に残すであろう」という内容の電報を発した。しかし、ドイツ降伏後、極東に兵力を送り続け、ポツダムで米英首脳に八月下旬の対日参戦を言明していたソ連が、日本の仲介要請に応じるはずはなかった。

ルメイ少将が原爆投下命令を出した八月二日のこの日、ドイツの戦後管理に関する宣言を発表してポツダムにおける米英ソ三国首脳会談は終了した。その翌八月三日、佐藤駐ソ大使からの返電が東京の外務省に届いた。

「ソ連に近衛特使の来訪を受諾せしめ得べきや本使は遺憾ながら自信を有せず」

前線で、銃後で、動きはあわただしくなっていた。日本空襲の前線基地テニアン島では、本国から飛来したファーレル准将を交えて原爆攻撃に関する最終打ち合わせが行われていた。

一方、日本では八月四日に佐藤駐ソ大使から、重ねてポツダム宣言の受諾を進言する電報が届いていた。

「……多数の戦争責任者を出すことも予め覚悟せざるべからず。さりながら今や国家は滅

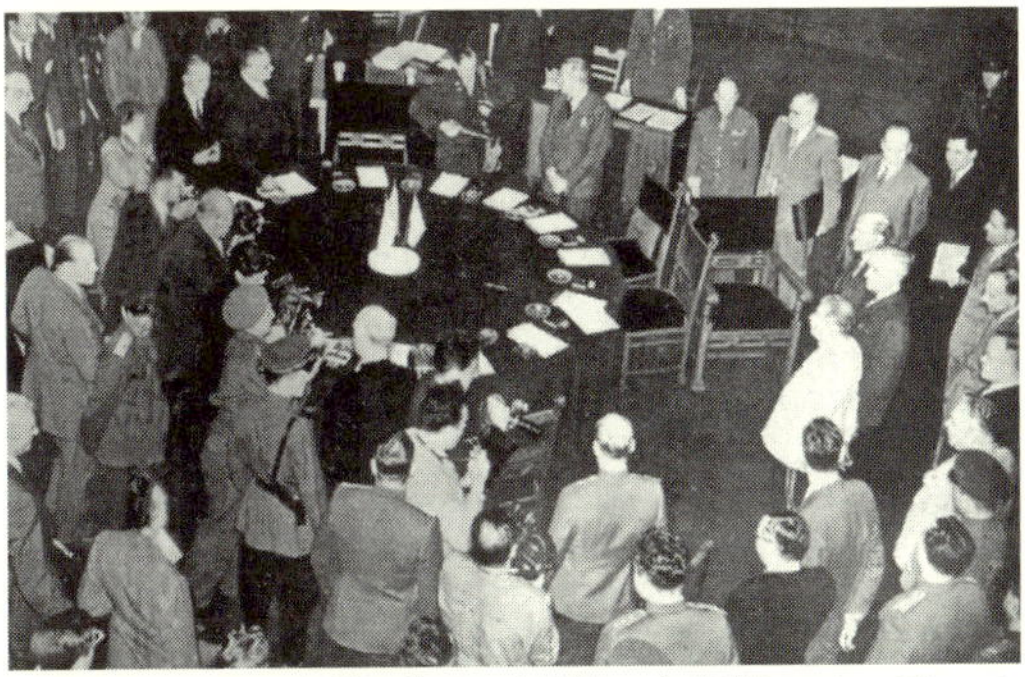

8月2日、ポツダム会談最終日の会議場。右前列にスターリン、トルーマン、アトリーが並ぶ。

亡の一歩前にあり、これら戦争責任者が真に愛国の士として従容帝国の犠牲者となるも真に已むを得ざる所とすべし」と、国家指導部の覚悟を促していた。

テニアンでは、原爆搭載機による投下テストが行われた。特製の爆弾投下装置は完璧に作動した。

八月五日。宮城県松島基地において、高松宮、小沢治三郎連合艦隊司令長官、大西瀧治郎軍令部次長らによる「烈作戦」訓練状況の視察が行われた。「烈作戦」とは、八月十九日から二十三日までのあいだに約九十機の攻撃機を出動させてマリアナ諸島のテニアン、グアム、サイパンの米軍基地を襲い、そこにある合計千二百機のB29を破壊しようという、戦局挽回を賭けた陸海協同の一大奇襲作戦である。もし成功すれば、「一撃後和平」の切り札になるはずであった。

また本土決戦に向けての根こそぎ動員は着々と進み、この日、船舶救難義勇隊に戦闘隊の編成が下令された。

八月六日午前八時十五分三十秒広島に原爆投下される

昭和二十年八月六日——日本時間午前一時四十五分、テニアン基地を三機のB29が離陸した。中央の一機はポール・W・ティベッツ大佐が機長のエノラ・ゲイ号で、直径七十一センチ、全長約三メートル、重さ約四トンのウラニウム原爆を搭載していた。左右の二機はそれぞれ、データ収集の観測機と爆発状況の撮影機であった。

エノラ・ゲイ号のクルーの一人で、兵器の専門家であるウィリアム・S・パーソンズ海軍大佐の航空日誌によれば、飛行は次のように続けられた。

八月六日午前一時四十五分……離陸
二時……………………最終起爆装置取り付けに着手
二時十五分……………起爆装置取り付け完了
五時五分………………硫黄島上空より日本に向かう
六時三十分……………赤プラグを挿入す
（投下すれば爆発する状態に原爆を置いた）
六時四十一分…………上昇開始。気象状況受信。第一、第三目標上空は良好、第

二目標上空は不良

七時三十八分……高度約九九七〇メートルで水平飛行に移る

七時四十七分……電子信管テスト、結果良好

八時四分……針路西

八時九分……目標の広島視界に入る

（『原爆はこうしてつくられた』より。時間は日本時間）

午前七時二十五分、先に発進した気象観測機が広島上空に到着した。市の周囲は厚い密雲に包まれていたが、直径二十キロにもおよぶ雲の穴から街並みがはっきりと見えていた。この雲の穴が、広島の運命を決めた。観測機から「第一目標ヒロシマＯ・Ｋ」の短いメッセージが打電された。

八時十一分、エノラ・ゲイ号は広島上空に姿を現わした。そして八時十五分三十秒、爆撃手トーマス・フェアビー陸軍少佐は原爆を投下した。計画では爆弾投下時刻は午前八時十五分に

テニアン基地より広島に向けて飛び立つ原爆投下機エノラ・ゲイ号の操縦席から手を振るポール・ティベッツ大佐。

予定されていた。それが二千七百キロ余、六時間半も飛んでティベッツ大佐はわずか三十秒の狂いで目標上空に到達したのである。

投下後五十秒で閃光が空を覆った。衝撃波でエノラ・ゲイ号は機体がぐらりと傾いた。パーソンズ大佐の日誌は続く。

閃光、続いて二回の衝撃波きたる。巨大な原子雲起こる。

午前九時……………まだ雲が見える。高さ約一万二千メートル以上にちがいない。

九時三分…………「戦闘機見ゆ」との報告あり

九時四十一分……雲見えなくなる。広島を去る約五百八十キロの地点。高度約八千メートル

広島市の上空には巨大なキノコ雲が湧き上がった。人口三十四万の都市は一瞬にして消滅し、人類がかつて眼にしたことのない地獄絵図が繰り広げられていた。人々の常識にはなかった奇妙な現象があちこちで発生していた。道を行く人の影が橋ゲタに焼き付き、一本の麦ワラが大木の幹を貫いている。想像を絶する熱と光と、衝撃波のなせるワザであった。

広島は死んだ。通信は途絶え、まるで異次元に転移したかのように沈黙していた。何時

8月6日午前8時15分、広島に原子爆弾が投下され、巨大な原爆雲が空を覆った。上部の火球は爆発1秒後には直径280メートル、3分後には高さ1万メートルを超えた。

間経っても東京の中央機関には、「被害甚大」といった以上の情報は入ってこなかった。通常の爆撃であれば、各機関を通じて集まる断片的な情報が総合され、被害の実状が明らかになっていくのに。

午後も遅くなって情報局に「侵入敵機はわずかに三機。しかもそのうちの二機は爆弾をもってこなかったらしい」という情報が入ってきた。となると、たった一機が放った一発の爆弾によって未曾有の混乱が引き起こされたことになる。

下村宏情報局総裁はただちに首相官邸に出向き、左近司政三国務相と面談した。そして、机の上の巻紙を取り上げ、「右か左か、御決断の秋《とき》」としたためた。それを鈴木首相に届けるよう川本首相秘書官に託したが、鈴木首相は不在であった。

この日、青森県の三沢基地では、高松宮と小沢連合艦隊司令長官らが、「烈作戦」と同時に行われる「剣作戦」の訓練状況を視察していた。これは海軍陸戦隊と陸軍空挺隊の合同作戦で、合計七百人がグアム、テニアン、サイパンの米軍基地に強行着陸し、オートバイや自転車を駆ってB29および燃料タンクを焼き払おうという特攻作戦である。

さらにこの日、東郷外相は佐藤駐ソ大使に宛て、モロトフ外相はモスクワに戻っているはずだから、会見を要請して近衛特使を受け入れるよう交渉せよと打電した。

広島に投下されたウラニウム爆弾リトル・ボーイ。長さ約3メートル、重量約4トン、通常爆弾に使用されるTNT火薬約2万トン分以上のエネルギーを放出したといわれる。

日本でも傍受できたトルーマンの原爆投下声明

ティベッツ大佐のエノラ・ゲイ号が広島に原爆第一号を投下したとき、ポツダム会談を終えたトルーマン大統領をはじめアメリカ政府首脳は、巡洋艦「オーガスタ」で大西洋を帰国の途上にあった。八月六日の午前中は甲板で日光浴をしながら、軍楽隊の演奏を聴いていた。正午になり、大統領は軍艦の乗組員と一緒に昼食をとっていた。その席に一人の海軍将校が早足で近づき、一通の電報を手渡した。

「広島に目視爆撃を行う。戦闘機の迎撃もなく、対空砲の抵抗もなし……」

トルーマンの顔がみるみる紅潮した。彼は回顧録に書いている。

「私は大いに感動した。私は艦上の電話でバーンズにこのニュースを伝えた。そして私の周囲にいた乗組員たちに、これは史上最大のことである。さあ帰国を急ぎましょうと言った」

L・ギオワニティとF・フリードの『原爆投下決定』によれば、数分後に第二報が大統領の手元に届いた。

「八月五日午後七時十五分（ワシントン時間）広島に大爆弾投下。初めの報告によれば、先のテストの場合以上の成果を挙げた由」

すっかりご満悦のトルーマンは士官室に行き、原爆開発の経過を説明したあと、「私は戦争がまもなく終末に到達すると予想する」と胸を張った。

やがて艦内のラジオが、本国の短波放送が全世界に流しているニュースを捉えた。それは七月三十日にスチムソン陸軍長官が起案して、トルーマンが承認した原爆投下に関する大統領声明だった。

「今から十六時間前、アメリカ空軍機は日本の重要軍事基地である広島に爆弾一発を投下した。この爆弾はＴＮＴ高性能爆薬の二万トン以上に相当する威力、史上最強力のグランド・スラム爆弾の二千倍以上の威力を持つものである。

日本軍は開戦にあたり、パール・ハーバーを奇襲したが、今や何十倍もの報復を受けたのである。しかも、まだ戦争は終わってはいない。これは原子爆弾である。原爆は宇宙の根源的な力を応用したものである。極東の戦争責任者たる日本に対して、太陽の原動力ともなっている力が放出されたのである。

七月二十六日、ポツダムで最後通告が発せられたのは、日本国民を破滅から救わんがためであった。しかし日本の首脳はこれを拒否した。この期におよんでもなお、わが方の要求を拒絶するにおいては、有史以来最大の破壊力を持つ爆弾の雨が引き続き彼らの頭上に降りそそぐことになろう……」

一方、日本政府首脳は八月六日中は、広島に落とされたのが原子爆弾だとは知らなかった。内閣書記官長の迫水久常は、不安のなかでその夜は書記官長室の仮ベッドでまどろんでいた。

七日の午前三時ごろ、電話が鳴った。同盟通信社の長谷川才次外信部長からだった。

「いま、サンフランシスコ放送を聴いていたら、トルーマンが『アメリカは原子爆弾を完成して八月六日に広島にその第一弾を投下した』という声明を発表している」

長谷川部長のせき込むような声を聞き、迫水は愕然としながらも「やっぱりそうだったか」との思いが走った。

東郷・阿南の個人会談と天皇の「戦争終結の希望」

アメリカの各放送局は、八月七日もトルーマン大統領の原爆投下声明を繰り返し放送していた。日本でも下村情報局総裁は、たった一発の爆弾で広島という都市が壊滅した事実から、アメリカの放送内容を信じた。しかし、物理学者のなかにさえ原爆は理論的には可能でも、実現はまだ先のことになるはずだとの見解をもつ者も少なくないのが実状であった。

午前中、情報局では部長会議を開き、原爆攻撃に対する宣伝報道対策を協議した。その結果、なによりも事実の報道と真相の調査を優先させて、国民の動揺を抑えるべきだという結論になった。この結論に外務省は賛成したが、軍部は頭から反対した。

午後、関係閣僚会議が開催された。原爆問題の協議のためである。席上、事実の報道を主張する東郷外相に米内海相をはじめ大勢は同調したが、阿南陸相は「たとえトルーマンが原子爆弾を投下したと声明したとしても、それは法螺《ほら》かも知れぬ」と力説して譲らなかった。原爆を認めて公表すれば、軍と国民の士気に影響が大きすぎる。そんなことはできないというのである。

そして午後三時三十分、漠として謎のような大本営発表が行われた。

一、昨八月六日、広島市は敵B29少数機の攻撃により相当の被害を生じたり。

二、敵は右攻撃に新型爆弾を使用せるものの如きも、詳細目下調査中なり。

その調査のために陸海軍ならびに関係各方面からなる原子爆弾調査委員会が設置され、これを「原委員会」と称することになった。原委員会は広島に調査団を派遣したが、これとは別に七日午後、大本営の調査団も広島に向けて出発した。参謀本部第二部長の有末精三中将を団長に、理化学研究所の仁科芳雄博士や京大教授の荒勝文策理学博士など約三十人の調査団だった。

調査団は八月七日の午後一時半に所沢飛行場から大型輸送機に乗って離陸したが、途中エンジントラブルが起き、所沢に引き返して翌八日に広島入りした。その七日に所沢を発つとき、有末中将は仁科博士からきっぱりと言われたのを覚えている。

「広島に落ちたのは原爆ですよ」

この日八月七日の午後、海軍は千葉県木更津で日本最初のジェット戦闘機「橘花」の第一回テスト飛行を行った。これは日本の潜水艦がドイツから運んできた見取図をもとに、種ヶ島海軍技術少佐を長とするチームがつくったもので、テストパイロットは高岡少佐であった。わずか十六分の短時間ではあったが、とにもかくにもテスト飛行は成功した。

朝日新聞

廣島へ敵新型爆彈

B29少數機で來襲攻撃

相當の被害、詳細は目下調査中

大本營發表

一、昨八月六日廣島市は敵B29少數機の攻撃により相當の被害を生じたり

二、敵は右攻撃に新型爆彈を使用せるものの如きも詳細目下調査中なり

落下傘つき 空中で破裂

人道を無視する惨虐な新爆彈

けふ大詔奉戴日

8月8日付の朝日新聞。8月7日の大本営発表の通りで、「原子爆弾」の文字はないが、「人道を無視する惨虐な新爆弾」との表現が見られる。

そしてこの日の夜、陸相官邸において阿南陸相と東郷外相が二人だけの会談を行った。夕方六時三十分ごろから九時に及ぶ長い会談であったが、ここで何が話し合われたかの詳細はわからない。ただ、かなり腹を割っての話し合いで、東郷外相のいう「敗戦は必至、時間の問題にすぎない」という意見に対し、阿南陸相は賛意を表わしたといわれている。

夜が明けた八月八日。米英のラジオ放送は引き続き広島に原爆を使用したこと、その威力はTNT火薬二万トンに相当する強力なものであることを伝え、日本に

8月6日午前8時過ぎ、雲の切れ間から広島市街がはっきりとのぞく。高射砲や戦闘機の迎撃もなかった。相生橋を照準に、原爆が投下された。

対して即時降伏をするよう勧告し続けていた。

朝早く、東郷外相は鈴木首相と打ち合わせのうえ参内した。そして天皇に原爆に関する米英の降伏勧告についてくわしく上奏し、これを転機としてポツダム宣言を受諾し、戦争終結に進むほかにないことを述べた。

東郷外相のこの動きは、前夜の阿南陸相との単独会見の内容と関わりをもつものかもしれない。降伏やむなしとの陸相のホンネを確認したうえで、降伏すべきことを天皇に内奏したものではなかっただろうか。

天皇は東郷外相の内奏を受けて、

「その通りである。この種の武器が使用される以上、戦争の継続は不可能になったから、有利な条件を得ようとして戦争終結の時機を逸することはよくないと思う。速やかに終戦措置を講ずるよう総理にも伝えよ」

とのご沙汰であった。

東郷外相はただちに天皇の意思を木戸内大臣と鈴木首相に伝え、首相に対しては至急最高戦争指導会議構成員会議の招集を申し入れた。鈴木首相は迫水書記官長を呼び、会議の準備を言い渡した。

「いよいよ時機がきたと思うから、明九日、最高戦争指導会議、閣議を開いて正式に終戦のことを討議するよう準備してほしい」

迫水書記官長が準備を終えて、仮眠ベッドに横になったのは九日の午前二時過ぎだった。電話が鳴っている。目を覚まして受話器をとると、同盟通信の長谷川外信部長だった。

「サンフランシスコ放送が、どうやらソ連が日本に宣戦布告をしたらしいと言っている」

驚いた迫水は、何度も何度も「ほんとか、ほんとか」と聞き返した。九日の午前三時ごろであった。

ソ連の宣戦布告と長崎への原爆投下

日本外交の完敗で降伏以外に手だてがなくなった日本政府

モロトフ外相にいきなり突きつけられた宣戦布告

大本営の広島調査団が現地入りして最初の検討会を開いているころ、佐藤尚武駐ソ大使はモスクワ時間で八月八日午後五時（日本時間午後十一時）、モスクワのクレムリンにモロトフ・ソ連外相を訪れていた。

八月六日にスターリンとモロトフがポツダムから帰ったのをラジオで知り、佐藤はさっそく会見を申し入れたのである。東郷外相から「近衛特使受け入れの返事を得よ」と、再三の訓令を受けていたからだ。当初、モロトフ外相は「八日の午後八時に会う」という返事だったが、しばらくして「午後六時にしてほしい」と大使館に電話があったのである。

しばらく控え室で待たされたあと、モロトフの部屋に通された佐藤が、ポツダムからの無事帰国を祝うあいさつを始めるやいなや、モロトフは手を挙げてさえぎり、

「本日は貴大使に対して、重要な通告をしなければならない」

と、いやに改まった口調で言い、手にした紙片を読みあげはじめた。ソ連の対日宣戦布告であった。

「ヒトラー・ドイツの敗北及び降伏後においては、日本のみが戦争を継続する唯一の大国である。三国、すなわち米、英、中国が七月二十六日に出した日本軍の無条件降伏に関する要求（ポツダム宣言）は、日本に拒否された。よって極東戦争に関する日本政府のソ連に対する調停方の提案は、まったくその基礎を失ったことになる。この日本の降伏拒否に鑑み、連合国はソ連政府に対し日本の侵略に対する戦争に参加し、もって戦争の終了を促進し、犠牲者の数を減少し、かつ一時も早く平和を回復するよう提案してきた。

ソ連政府はその連合国に対する義務に遵《したが》い、この連合国の提案を受諾し、七月二十六日の連合国宣言に参加した。ソ連政府はかかる政策が平和を促進し、各国民をこれ以上の犠牲と苦難から救い、日本人に対しても、ドイツ国民がその無条件降伏拒否後になめた危険と破壊を回避させ得る唯一の手段であると考える。以上の見地から、ソ連政府は明日、すなわち八月九日から日本と戦争状態にあることを宣言する」

佐藤大使は黙って聞いていた。そして「万事休す」というのがそのときの感慨だったと、のちに回想している。

佐藤はこの通告を本国政府に打電する外交特権の保証を要求した。それに対してモロトフは、「それは当然のことである。暗号を使用することもできる」と答えた。

佐藤大使はあとで気づいたが、モロトフが最初の面会時間の午後八時を午後六時に繰り上げたのは、日本時間にして九日の午前零時だったからだ。すなわち、ソ連軍が一斉に満州になだれ込む時間だったのである。

そうとは知らず、大使館にとって返した佐藤は、ただちに日本に向けて電報を打った。だが佐藤の電報はついに受信されることはなかった。すでに通信回線は遮断されていたのである。

それどころか、ソ連参戦の電報を打ち終えた日本大使館の佐藤大使のもとには、自動小銃を携えたGPU《ゲー・ペー・ウー》士官が乗り込み身柄を拘束しようとした。結局、大使と館員の身柄拘束は「誤解」だったと謝り、外出は自由ということになった。

佐藤尚武はのちに回想している。

「大使館事務所に帰ってから、館員一同を集めて宣戦布告の件を話し、すぐ東京に打電した。その後、翌年の五月帰国するまで毎月一本の電報は許すというので、大臣あてに大使館員や在留日本人の健康状態や生活ぶりを知らせて、家族にも安心させたつもりだった。しかし帰国してみると、一本も着いていなかった。宣戦布告の電報だけは東京に取りつがれていると信じていたが、それさえ着いていなかった。ひどい話だ」（読売新聞社編『昭和史の天皇5』）

二十万人の死者を出した原爆の街・広島に立つ

モスクワの佐藤大使が宣戦布告を突きつけられた八月八日の夕方、仁科芳雄、荒勝文策などの物理学者をはじめとする大本営の広島調査団は広島の地を踏んだ。上空を旋回する飛行機の窓から広島の惨状をひと目見ただけでも、仁科博士は原爆に間違いないと断定していたが、足を踏み入れてみて、そこが完全に死の街と化しているのを知った。

団長の有末精三中将は戦後の回顧録に記している。

「午後五時半過ぎ広島上空に着いた。全市は一軒の家屋も見えず一面の焼ヶ野原、黒く焦げた枯れ木が一本、二、三の枯枝を支えて淋しげに立っているのが妙に印象に残った。飛行機は大きく旋回して海岸の吉島飛行場に着陸した。

わたしは直ぐに降り立ったが、誰ひとり出迎えてもいない。飛行場の短く伸びた芝生は、一斉に一定方向、たぶん東に向かってなびいており、しかも一様に赤く、真赤ではなく焦茶色といった方が当っているように焼けていたのに驚いたのであった。

ものの二、三分たったころ、飛行場の片隅の防空壕から這い上って出てきたのは飛行場

広島調査団の団長となった有末精三中将。戦後、日本郷友連盟会長を務めた。

被爆後の広島。爆心地から2400メートル離れた太田川にかかる橋は、崩落は免れたものの橋の路面が熱線で黒く焼けている。手すりのセメント柱の影の部分が焼けずに白く写っていて、熱線の方向と強さがよく想像できる。

長と思われる一中佐、左半面顔中火ぶくれに赤く焼けていた。被害休養中だった中佐が無理をして出迎えてくれたのを直感したわたしは、胸に迫り来る何ものかを感ぜずにはおられなかった。中佐の負傷は、昨日《（マヽ）》の熱風での被害であって顔面右半部は普通の皮膚色、問わず語りに熱風に曝された側のみ犯されているのが解った」（『終戦秘史・有末機関長の手記』）

広島に投下された爆弾がウラニウムを使用した原子爆弾であるとの報告が調査団から大本営にもたらされたのは二日後のことであったが、八日午後二時から開かれた「原委員会」では、軍側はかたくなに原爆であることを認めようとはしなかった。その「原爆」と認めたくない軍部の意に迎合したとはいえ、それがわが国科学技術の最高責任官庁たる技術院首脳部の意見であったことを顧みるとき、暗澹たるものがよぎる。

被爆から半年余り後の広島の爆心地付近。まだ街並みは廃墟のままである（昭和21年3月）。

そうした軍部の態度をよそに、広島の犠牲者は日に日に増大していた。市内は混乱の極にあったから、正確な数字は無理であったが、八月二十五日の広島県発表によれば死者四万六千、行方不明一万七千、重傷者一万九千、軽傷者四万四千、被災者二十三万五千というものだった。そして三カ月半後の十一月二十日の広島県発表では死者・行方不明は九万一千と増え、重軽傷者は四万六千と発表された。

広島への原爆投下による正確な犠牲者数は今もってわからない。市民以外にも軍人や軍属、通勤者、勤労動員者なども数多くおり、また約五万三千人といわれる在住朝鮮人も被爆していた。これらすべてを合わせた十二月末までの死者は、少なく見積もると十九万七千人、多く見積もると二十二万七千人になるという。

北からはソ連が満州に攻撃開始、テニアンからは再び原爆機発進

八月九日——日本の長い一週間が始まった。日本時間八月九日午前零時、アレクサンダー・M・ワシレフスキー元帥麾下《きか》のソ連極東軍およそ六十個師団百三十万は、戦車約四千輛、飛行機約五千機を使って数カ所から満州と朝鮮の国境を突破し、怒濤の侵攻をしてきた。

新京（長春）にあった関東軍司令部が牡丹江の第一方面軍から「東寧、綏芬河正面の敵は攻撃を開始せり」との第一報を受けたのは九日午前零時十分だった。だが、当時第一方面軍第五軍参謀の前田中佐が、国境部隊からのソ連軍越境の報を受けて時計を見たときは零時二分前であった。

この夜、満州は大興安嶺付近を除く全土が、厚い雨雲に覆われて断続的に強い雨が降り、雷鳴がとどろいていた。かつては「泣く子も黙る関東軍」などと、その精鋭を謳っていたが、南方戦線の悪化で中核の精鋭師団は次々南へ、南へと転用され、いまや文字どおりの「張り子の虎」と化していた。兵員こそ五十万を数えているが、それは現地満州の日本人を〝根こそぎ動員〟した即席部隊で、とてもソ連軍に対抗できるものではなかった。

長崎に原爆第2号を投下する指揮官兼操縦士スウィニー陸軍少佐（左）が、8月9日未明、テニアン基地出発直前に、原爆第1号を投下したティベッツ大佐とにこやかに握手を交わす。

加えて第一線に使える飛行機は百五十機、戦車にいたってはなんと数輌しかなかった。のちに詳しくふれるが、この日、八月九日に開かれる最高戦争指導会議構成員会議の後の閣議で、阿南惟幾陸相は「関東軍は二カ月をでないで、全滅するほかないであろう」と断言し、他の閣僚に絶望的な衝撃を与えるが、実際はポツダム宣言の受諾、そして降服という結末にいたり、関東軍は残り一週間で崩壊するのである。

関東軍がソ連軍の侵攻に右往左往を始めてまもない八月九日午前二時五十分（日本時間）、中部太平洋のテニアンの基地から三機のB29が発進した。二十五歳のチャック・スウィニー少佐が指揮する中央の「ボックス・カー」（愛称）には、やがて長崎に投下されるプルトニウム爆弾「ファット・マン」が搭載されていた。

ソ連の宣戦布告を受けてポツダム宣言受諾へ動く

日本の政府首脳がソ連参戦を知ったのは九日未明であった。モスクワ放送が、ソ連政府が佐藤駐ソ大使に宣戦布告文を手交したことを伝えはじめたのである。

放送を聴いた外務省ラジオ室、同盟通信社から、東郷外相をはじめとする外務省首脳、迫水久常書記官長などに急報が飛んだ。追いかけるように満州の関東軍からも、ソ連軍の越境攻撃が伝えられてきた。

電話で知らせてきた同盟通信社の長谷川外信部長に対して、東郷外相も迫水書記官長も、「ほんとうか、ほんとうか」と何度も念を押した。ソ連を仲介役に和平にもち込むことだけを考えていた首脳にとっては、突然のソ連参戦は信じられなかったのである。お粗末な日本外交の完全敗北だった。

東郷外相の私邸に、松本外務次官をはじめ安東義良政務局長、渋沢信一条約局長などが集まった。そして協議の結果、皇室に関する事項を留保して、ポツダム宣言をそのまま受諾することに四人の意見が一致した。

夜が明けた。迫水書記官長は東京・小石川の鈴木首相の私邸にかけつけ、ソ連軍の満州・

満州の国境を突破し、奉天郊外へ進撃するソ連軍。ソ連は8月下旬に対日参戦を計画していたが、アメリカの広島への原爆投下によって日本が降伏する可能性を勘案して、9日急遽、宣戦布告となった。兵力転用によって弱体化した関東軍は、ソ連軍の奇襲を防ぐことはできなかった。

朝鮮北東部への侵攻、満州各地への爆撃開始などを報告した。そこに東郷外相も訪れ、三人の協議が始まった。

鈴木首相は黙って二人の報告を聞いていたが、落ち着いた声で言った。

「来るものが来ましたね」

迫水書記官長は内閣がとるべき措置として三つが考えられますといった。

一、ソ連仲介の和平工作が失敗した以上、内閣は総辞職する。

二、ポツダム宣言を受諾し、終戦する。

三、対ソ宣戦詔書の発布を仰いで戦争を継続する。

鈴木首相は断定するように、

「この戦《いくさ》は、この内閣で結末をつけることにしましょう」

と言い、ともかく「陛下の思召《おぼしめし》を伺ってからにしよう」と午前九時前、急ぎ参内した。ソ連を仲介とする和平交渉に失敗したのだから、鈴木としては責任を負って総辞職するのが筋だが、新内閣の成立までには数日かかる。しかし、今はその時間を浪費しているときではないとの判断があっての参内だった。

宮中ではすでに木戸内大臣によってソ連参戦の報が天皇に伝えられ、天皇はすみやかな戦局収拾について鈴木首相と話し合うようにとの意思を伝えていた。

午前十時過ぎ、首相官邸に帰った鈴木首相は、迫水書記官長を呼んだ。

「ポツダム宣言を受諾する方式によって戦争を終わらせる決心をしたから、必要な段取りをつけていただきたい」

迫水は急ぎ最高戦争指導会議の構成員を招集した。高松宮、木戸内大臣、米内海相、さらに近衛文麿、重光葵前外相らもポツダム宣言受諾――戦争終結に向かって動き始めていた。

最高戦争指導会議構成員会議は午前十一時少し前から始められた。この会議が始まって間もない午前十一時二分、長崎市上空で二発目の原爆が炸裂していた。

「聖断下る！」大荒れ首脳会議でポツダム宣言受諾決定

軍部の「降伏絶対反対」のなかで、いかにポツダム宣言受諾に持ち込んだか

降伏への条件が一致せず巨頭会談は一時中断

六巨頭による最高戦争指導会議構成員会議は、重苦しい雰囲気のなかで進められた。前にも記したが、六巨頭とは鈴木首相、東郷外相、阿南陸相、米内海相、梅津参謀総長、豊田軍令部総長である。

会議は鈴木首相の発言で始まった。

「広島の原子爆弾で非常に大きなショックを受けているところへ、今度はソ連の参戦で、四囲の情勢上とうてい戦争継続は不可能だというのほかなく、どうしてもポツダム宣言を受諾せざるを得ないのではないか。皆の意見が聞きたい」

この冒頭の発言で、継戦派の阿南、梅津、豊田の軍部は頭を抑えられた感じになり、重苦しい沈黙が続いた。そのとき米内海相が口を切った。

8月9日午前11時2分、長崎の浦上地区上空で爆発したプルトニウム爆弾ファット・マンの巨大なキノコ雲。爆発してから30秒後には高度3000メートル、8分30秒後には高度9000メートルの上空にまで達した。

「黙っていてもしようがない。ポツダム宣言受諾ということに決まれば、無条件か条件付きかのいずれかだ。もし希望条件を付けるとすれば、まず第一に国体の護持、次いで戦争犯罪人の処罰、武装解除の方法、占領軍の進駐問題などだが、これをどうするかだと思う」

長崎に二発目の原爆が投下されたという情報がもたらされたのは、このときだった。六巨頭ともポツダム宣言を受諾することについては、事ここにいたって反対する者はなかった。東郷外相は「もはやこの際は絶対的条件である国体護持のみを留保条件として、その他は条件とすべきではない」と主張した。しかし阿南陸相、梅津参謀総長、豊田軍令部総長らは、国体の護持についての留保は当然であるが、受諾についてはさらに三つの条件が留保されなければならないとして譲らなかった。

三つの条件とは

一、保障占領はその地域をできるだけ小さくし、短期間とする。
二、武装解除は日本の手で行う。
三、戦争犯罪人の処罰は日本側で行う。

会議は皇室の問題を留保するだけでポツダム宣言をそのまま受け入れるべきであるとする鈴木、東郷、米内の三名と、阿南、梅津、豊田の三名とに割れたままとなった。そこで一時中断して後刻続けることとなり、臨時閣議が招集された。

戦争続行を画策する大西中将を叱りとばした米内海相

午後二時半から開始された閣議は、途中、休憩をはさんで午後十時まで続けられる。閣議は鈴木首相の強いリードのもとに、阿南陸相、東郷外相、米内海相の激論を中心に展開されたが、二、三の閣僚が国体護持一本論に反対し、意見は一致しなかった。

この間、皇族、重臣も動きはじめていた。四条件を出せば連合国は日本の降伏を受け入れず、本土上陸という事態を招くことになると憂慮した近衛文麿は、高松宮と重光元外相に連絡した。これを受けた高松宮と重光元外相は、それぞれ木戸内大臣に「聖断」をお願いするべしとの意見を述べている。

海軍内の和平派グループなどと終戦工作を試みた高松宮。東條内閣末期にも、海軍の反東條勢力と宮中工作を結びつける役割を演じた。写真は前線を指揮する高松宮（中央）。

またこれとは別に、松平康昌内府秘書官長、高木惣吉海軍少将、加瀬俊一外務書記官、松谷誠陸軍大佐（首相秘書官）らも、木戸内大臣に対し同様の働きかけを行ったといわれている。

こうして無条件降伏に傾いていく宮中、政府の動きに軍部は焦慮した。閣議の途中、中堅幕僚の突き上げを受けた河辺虎四郎参謀次長は、阿南陸相と梅津参謀総長に対して全国に戒厳令を布告し、内閣を倒して軍事政権を樹立するクーデター案を進言した。

またその朝、作戦部の職員に対し、「もしもお上が戦《いくさ》をやめると仰せられた場合、われわれはたとえ逆賊の汚名を受けても大義のために戦争は続けねばならぬ」と演説した大西瀧治郎軍令部次長は、宮中に押しかけて短剣を吊ったまま米内海相のまわりを徘徊し、牽制した。これを米内海相が、「こういうところにお前ごときが来るべきではない」

と叱りつけるひと幕も演じられた。

閣議は国体護持のみの条件でポツダム宣言を受諾すべきだとする東郷外相、米内海相ら和平派と、国体護持も含めた四条件が受諾の条件だとする継戦派が対立したまま、堂々巡りの状態になってしまった。

これらの論争に対し、鈴木首相は終始無言で、黙って聞くだけだった。ところが太田耕造文相が「閣内の意見がかくも不統一なる以上、内閣は総辞職すべきではないか」と発言するや、鈴木は厳然とした口調で言った。

「私は総辞職のことは考えていません」

迫水書記官長は回想している。

「思うに総理の胸のなかには、このとき、最後は天皇陛下のご聖断によって決するという決心をしていたのであろう。そしてまた、阿南陸相がこの文相の総辞職論に同調しなかったことも注目すべきことである。もし阿南陸相が本心からの抗戦論者であれば、ここで内閣を総辞職に追い込み、次に軍事内閣を作ることを考えたであろう。このあたり阿南陸相の心事を示すところである」（『機関銃下の首相官邸』）

結論が見えない閣議を続けても時間の無駄である。迫水書記官長は首相に休憩を提案し、閣議は休憩に入った。

深夜に及ぶ御前会議でもポツダム宣言受諾の結論出ず

閣議が休憩に入っているとき、鈴木貫太郎首相と迫水久常書記官長は話し合い、かくなる上は陛下の親臨を仰いで御前会議を開き、その席上で聖断を賜ろうということになった。

迫水書記官長はただちに御前で最高戦争指導会議構成員会議を開くための準備に入った。鈴木首相は東郷外相とともに参内し、天皇に朝からの最高戦争指導会議と閣議の状況を報告し、引き続き御前会議の開催を奏上した。同時に平沼騏一郎枢密院議長の御前会議出席と、御前会議においてご聖断を賜りたい旨をお願いした。

平沼議長を加える理由は、ポツダム宣言受諾となれば一種の条約締結になり、その場合は枢密院の会議に付議しなければならない。

しかし、実際にそのような時間はない。そこで枢密院側の苦情を避ける意味で、議長の会議参加を要請したのである。

最高戦争指導会議構成員の六巨頭と四幹事、そして平沼議長に緊急召集がかけられた。会議は八月九日午後十一時三十分から、宮中の地下防空壕で始められた。列席者は次の十二名であった。

8月9日深夜に開かれた御前会議。最高戦争指導会議構成員の6巨頭、平沼枢密院議長らが召集され、天皇の「聖断」によりポツダム宣言受諾が決定した（白川一郎画）。

総理大臣　鈴木貫太郎（海軍大将）
海軍大臣　米内光政（海軍大将）
陸軍大臣　阿南惟幾（陸軍大将）
外務大臣　東郷茂徳
参謀総長　梅津美治郎（陸軍大将）
軍令部総長　豊田副武（海軍大将）
枢密院議長　平沼騏一郎
内閣書記官長　迫水久常
陸軍軍務局長　吉積正雄（陸軍中将）
海軍軍務局長　保科善四郎（海軍中将）
総合計画局長官　池田純久（陸軍中将）
侍従武官長　蓮沼　蕃《しげる》（陸軍大将）

この御前会議の模様については、出席者の東郷外相、迫水書記官長、豊田軍令部総長などの手記があるが、ここでは保科軍務局長の手記（『大東亜戦争秘史・保科善四郎回想記』）をもとに再現してみる。

午後十一時五十分、会議は鈴木首相の進行で始められた。まず鈴木首相は、本日の議題はポツダム宣言受諾文書の検討で、その内容は外相の原案どおりとした旨を告げ、読み上げた。

「客月二十六日付三国共同宣言に挙げられたる条件中には日本国天皇の国法上の地位を変更する要求を包含し居らざることの了解の下に日本政府は之を受諾す」

東郷外相の提案理由説明。

「過般提案の場合は受諾できぬということなりしも、本日の事態においては受諾已《や》むを得ずという閣議の結論なり。その中に絶対受諾できぬものだけを挙ぐること必要なり。

敵側米英の状況及びソ連の参戦により米英の地位は確実にせられ、さらに最後通牒を緩《ゆる》めることは困難なり。先方の側になってみるに、交渉による緩和の余地なきものと思われる。わが方がソ連に申し入れたる条件をも無視して参戦に至れる事情を参酌し、あまり条件を付せざるを可と思う。

即ち、在外日本軍隊の自主的撤収は停戦の取り極めに際して申し出る機会もあるべく、戦争犯罪人は受諾困難な問題なるも、これは戦争を継続してまでも達成せねばならぬ絶対条件にあらず。但し皇室は絶対問題なり。これ将来の民族発展の基礎なればなり。即ち要望はこの事に集中するの要あり」

米内海相、首相に所見を求められる。

「全然同意なり」

阿南陸相、所見を求められる。

「全然反対なり。その理由はカイロ宣言は満州国の抹殺を包含するが故に道義国家の生命を失うことになる。少くとも受諾するにしても四条件を具備するを要す。ことにソ連のごとき道義なき国家に対し、一方的申し入れをもってせんとする案には同意できず。一億枕を並べて斃《たお》れても大義に生くべきなり。あくまで戦争を継続せざるべからず。充分戦をなし得るの自信あり。米国に対しても本土決戦に自信あり。海外諸国にある軍隊は無条件に戈《ほこ》を収めざるべし。また内国民にもあくまで戦うものあるべく、かくては内乱《うちみだ》るるに至るべし」

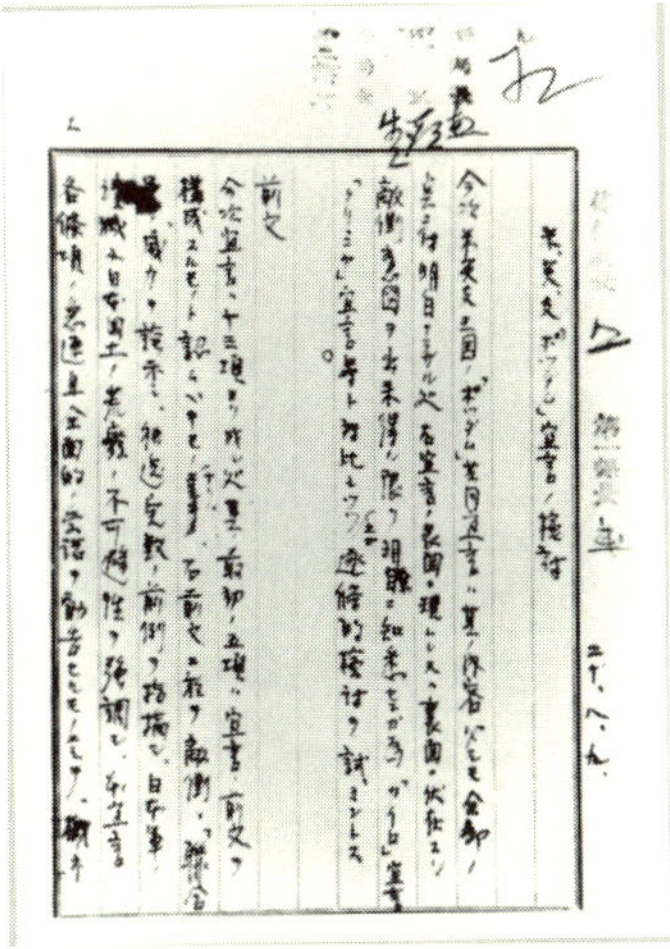
ポツダム宣言の内容を検討する8月9日の書面。カイロ宣言やクリミア宣言（ヤルタ宣言）と比較し、ポツダム宣言が意図するところを探ろうとしている。

梅津参謀総長。

「陸相の所見と全く同様の所見なり。本土決戦に対しては準備はできている。またソ連の参戦は我に不利なるも、無条件

「撃ちてし止まむ」の標語通り、陸軍の強硬派は最後の最後まで戦争続行を唱えた。

降伏をなさざるべからざる状態にはあらず。今無条件降伏をしては戦死者に相済まず。少くとも午前中の最高戦争指導会議の四条件を加味することは最小限の譲歩なり」

（中略）

平沼枢密院議長。

「首相に伺いたし。内地の治安維持は大切なるが、今後とらんとする処置は如何、食糧の面は如何、ずいぶんひどくなりつつあり。今日の事態は段々憂慮すべき事態に向いつつあり。戦争を止めることよりも、続けることはかえって国内治安の乱れることも考え得べし」

鈴木首相答弁。

「全く同感、心配している」

平沼枢密院議長。

「このうえ考慮の余地なきも、この窮迫せる場合であるから私の所見を述べる。……今日の事態これにてよろしきや充分検討あるべきなり。単純に武力だけでこの問題を決することはできない。また国民を外にして戦うふ能はざるべし。以上充分自信あらば強く突っ張れ。自信なければ陸海の兵力がいかに強くとも戦争継続はできぬ。ただ国体の護持、皇室の御安泰は国民全部戦死してもこれを守らなければならない。聖断によって決せらるべきものと認む」

豊田軍令部総長。

「海軍統帥部としては陸相、参謀総長の意見に概ね同意なり。必ず成算ありとは申し得ざるも、相当敵に打撃を与え得る自信あり。国内に於てもなお戦意に燃えおる人々あり。戦意昂らざる者また相当多し」

すでに時刻は十日の午前二時である。六巨頭の意見は三対三で、昼間の会議とまったく同じに結論は出そうもなかった。

聖断下る！　この際、忍びがたきも忍ばねばならない

鈴木首相がすっくと立った。

「長時間にわたり審議せられたが、ここに意見の一致を見るにいたらざるははなはだ遺憾である。この事たるや誠に重大なる事柄にして、誠に枢府議長の言わるる通りの重大問題

である。意見の対立がある以上、陛下の思召を伺い、それに基づいて会議の決定を得たいと思います」

鈴木首相はそう言うと、天皇の玉座の前に歩み寄った。迫水書記官長によれば、そのとき会議場には一瞬、驚きの気配というか、意想外のことが起こったというか、ハッとした空気がみなぎったという。

玉座の前で大柄な体をかがめた鈴木は、最敬礼をして天皇の考えを乞うた。

「それならば私の意見を言おう」

と天皇は身を乗り出し、東郷外相の意見を支持する旨を述べた。そして「念のために理由を申しておく」と言い、言葉を続けられた。

開戦以来、陸海軍の言動は少なからず相違していること、本土決戦の備えは万全だと参謀総長は言うが、視察を命じた侍従武官の報告とは食い違っていると述べ、これでは米英に対する勝算はないと叱責した。

続けて天皇は流れ落ちる涙を白い手袋をはめた手でぬぐいながら、

「この際、忍びがたいことも忍ばねばならぬ。私は三国干渉のときの明治天皇をしのぶ。私はそれを思って戦争を終結することを決心したのである」

聖断は下された。八月十日午前二時三十分であった。会議の参列者の間からは慟哭《どうこく》があふれていた。

この御前会議が終わった直後、天皇は蓮沼侍従武官長を通じて吉積陸軍軍務局長に「もし陸軍大臣でも、また海軍大臣でも部内を納得させるに困るなら、陛下御躬《みず》から大本営へでもまたどこへでも行って終戦決定は朕の意志であることをはっきり言うから、よく陸海軍に聞いてみよ」と言われたという。

一方、阿南陸相は会議の帰りぎわ、鈴木首相と米内海相をつかまえて念を押した。もし連合国側が天皇大権を認めることを確認できないときは、戦争を継続するかどうかというのである。鈴木と米内は、その場合は戦争を継続すると答えた。

御前会議終了後、待機していた閣僚は閣議を開き、ここでも国体護持一本論でポツダム宣言の受諾が議決された。

米・英・華・ソ連に対するポツダム宣言受諾

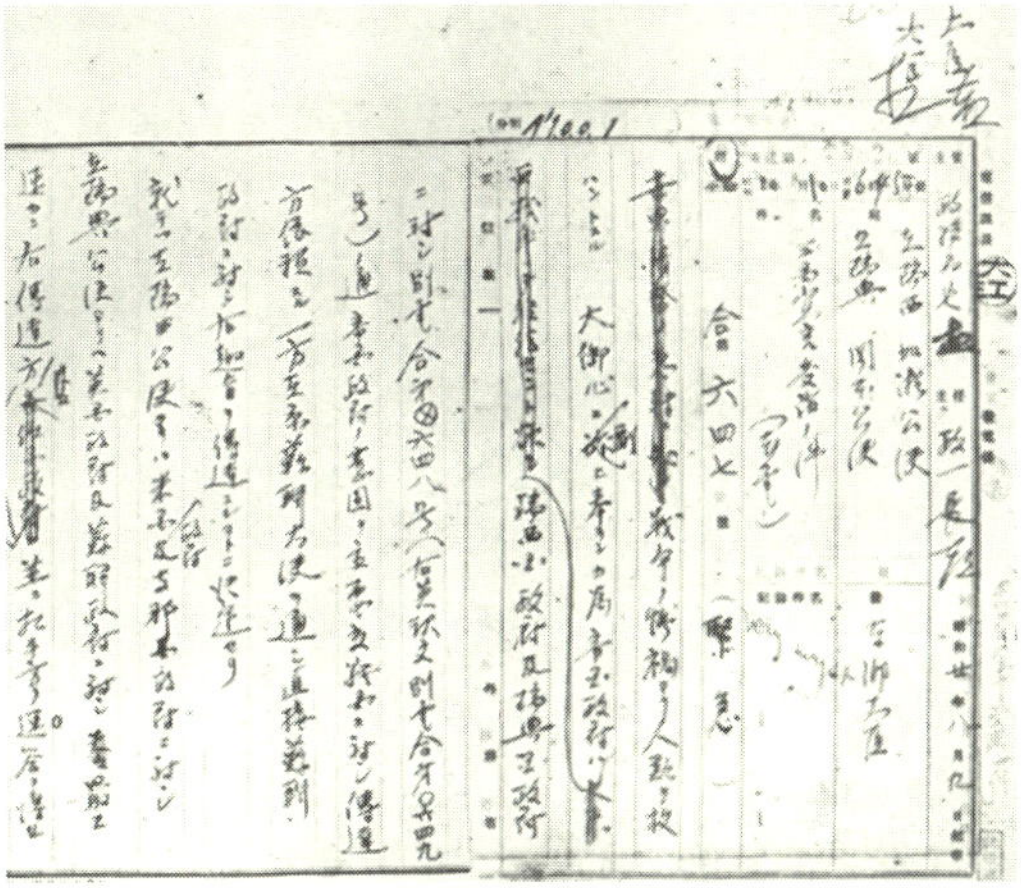

8月10日午前6時45分、加瀬、岡本両公使に送られたポツダム宣言受諾の第一報。

の回答は、中立国のスイスとスウェーデンを通じて行うことにしていた。スイスの加瀬俊《しゅん》一《いち》公使、スウェーデンの岡本季正公使に宛てたポツダム宣言受諾の電報原案は、すでに前日中にできあがっていた。

午前四時。外務省に帰った東郷外相らは案文を修正し、加瀬俊一《としかず》書記官が英訳した。「天皇の国家統治の大権を変更するの要求を包含し居らざることの了解の下に」ポツダム宣言を受諾するという一連の電報の第一信が午前六時四十五分に送られた。第二電は七時十五分、第三電は九時、第四電は十時十五分、そして第五電も同じく十時十五分に発出された。

このポツダム宣言受諾電報に対して、十一日午後に加瀬、岡本両公使から「取り急ぎ任国政府に所要の申し入れを了した」旨の報告電が着いた。

「バーンズ回答」を巡る和平派と軍部強硬派の果てしなき戦い

日本の降伏に歓喜する米英国民と、クーデターを画策する陸軍の将校たち

情報局総裁談話と並ぶニセの「陸軍大臣布告」

八月十日午前九時、昨夜来一睡もしていない阿南惟幾陸相は、市ヶ谷台の陸軍省防空壕に高級部員全員を集め、御前会議の経過を伝えて軍の結束を求めたのち、

「いま勝手な行動をとろうという者があれば、この阿南を斬ってからやれ」

とクギを刺した。

午後二時から閣議が開かれ、混乱を避けるため降伏（ポツダム宣言受諾）の公表は詔書渙《かん》発《ぱつ》と同時に行うことに衆議一決、当面の絶対機密事項とされた。さらに人心を誘導する措置を講じていくことになった。この措置の一環として午後四時三十分、言外にわずかに終戦をにおわせた下村宏情報局総裁談話が発表された。下村総裁によれば、これは陸海両相とも協議のうえ練りに練ったものであった。

ソ聯 對日宣戰を布告
東西から國境を侵犯
滿洲國内へ攻擊開始
北滿北鮮へ分散空襲
我方、自衛の邀擊戰展開
調停の基礎を失ひ
米英蔣の提案受諾
ソ聯宣戰理由を通達
ソ聯の宣戰布告文

ソ連の宣戦布告を報じる8月10日付朝日新聞。ソ連の「宣戦布告文」が掲載され、日本政府がソ連に調停を提案していたことが明らかにされている。

情報局総裁談

（八月十日午後四時三十分）

敵米英は最近頓《とみ》に空襲を激化し、一方本土上陸の作戦準備を進めつつあり。これに対し我が陸海空の精鋭はこれが邀撃《ようげき》の戦勢を整へ、今や全軍特攻の旺盛なる闘志を以て一挙驕敵を撃摧すべく満を持しつつある。

この間に在って、国民あげてよく悪虐なる敵の爆撃に耐へつゝ、義勇公に奉ずる精神を以て邁進しつつあることは、誠に感激に堪へざる所であるが、敵米英は最近新に発明せる新型爆弾を使用して人類歴史上かつて見ざる残虐無道なる惨害を無辜《むこ》の老幼婦女子に与へるに至った。加ふるに昨九日には中立関係にありしソ連が敵側に加はり、一方的な宣言の後、我に攻撃を加ふるに至ったのである。

我軍はもとより直ちに邀《むか》へて容易に敵の進攻を許さざるも、今や真に最悪の状態に立ち至ったことを認めざるを得ない。正しく国体を護持し、民族の名誉を保持せんとする最後の一線を守るため、政府はもとより最善の努力をなしつつあるが、一億国民にありても国体の護持のためにあらゆる困難を克服して行くことを期待する。

しかし、この談話を翌八月十一日の新聞各紙に掲載させるため各社にもち込まれたのとまったく同時刻に、阿南陸相名による「陸軍大臣訓示」ももち込まれていた。これには「仮令《たとい》、草を喰《は》み土を齧《かじ》り野に伏すとも、断じて戦ふところ死中自ら活あるを信ず」と、激越な言葉が連ねられていた。

陸軍大臣訓示

全軍将兵に告ぐ、ソ連遂に皇国に寇《あだ》す、名文如何に粉飾すと雖《いえど》も、大東亜を侵略制覇せんとする野望歴然たり。事茲《ここ》に至る、又何をか言はん、断乎神州護持の聖戦を戦ひ抜かんのみ。

仮令、草を喰み土を齧り野に伏すとも、断じて戦ふところ死中自ら活あるを信ず。是即ち七生報国「我一人生きてありせば」てふ楠公救国の精神なると共に、時宗の「莫煩悩」「驀直進前《ばくちょくしんぜん》」以て醜敵を撃滅せる闘魂なり。全国将兵宜しく一人を余さず楠公精神を具現

一億、困苦を克服
國體を護持せん
下村情報局総裁談
戰局は最悪の狀態
情報局總裁談
死中活あるを信ず
陸相、全軍將兵に訓示

下村情報局総裁談と陸軍大臣訓示が並ぶ8月11日付朝日新聞。佐藤駐ソ大使や大使館員、各新聞社の特派員が日本大使館に抑留されたことも報じている。

すべし。而して又時宗の闘魂を再現して驕敵撃滅に驀直進前すべし。

昭和二十年八月十日　　陸軍大臣

この訓示は阿南陸相も知らないうちに書かれ、配布されたといわれるが、真相はわからない。迫水内閣書記官長、下村情報局総裁らの発表中止工作も功を奏さず、下村談話と並んで翌日の朝刊トップに掲載されてしまった。ただ、中堅将校たちがでっち上げたニセ文書に違いないとみた新聞記者たちの抵抗によって、わずかに見出しの活字が小さくなっていた。

「日本降伏！」に沸く英米。漏れ出す降伏情報

八月十日の長い一日の午後三時五十五分、木戸内大臣は拝謁して、天皇自身による終戦

の号令をラジオで放送するべく上奏した。天皇は即座に許可を与えた。

午後八時十分過ぎ、外務省の太田情報課長は同盟通信社を訪れた。ポツダム宣言受諾を広く海外に向けて放送するためである。

中国の重慶でも、日本降伏の第一報を聞き熱狂する中国国民によって、ジープに乗ったアメリカ兵が喝采を受けた。

ただし、降伏の事実はまだ軍には極秘にしておかなければならない。当時、軍の検閲を受けていなかったのは同盟通信社のモールス放送だけだったので、まずこれを使うことにしたのである。

放送は全世界で受信された。

「日本降伏！」

ニューヨークで、ロンドンで歓声が沸き、紙吹雪が舞った。沖縄の中城湾にあったアメリカ艦隊上空には、色とりどりの照明弾が打ち上げられ、サーチライトの光芒が乱舞した。

八月十一日。トルーマン大統領をはじめ、アメリカ首脳の協議が行われた。バーンズ国務長官は、日本の申し入れは無条件ではないと受け入れに難色を示したが、スチムソン陸軍長官、フォレスタル海軍長官らは、日本本土上陸作戦にあたっての流血を避けるため、受け入れるべきだと主張した。

バーンズは対日回答案の作成にとりかかった。そして一時間後、バーンズの対日回答案が提出された。日本側の出した条件を直接受諾することを避けながら、しかも日本側には希望を残すという名文であった。すなわち「天皇及び日本国政府の国家統治の権限は、連合国最高司令官の制限の下におかれる……」と、日本側のもっとも懸念するところを巧妙にすり抜けた。のちに日本では、この字句「subject to（制限の下に）」が激しい議論の焦点となる。

大分基地にあった第五航空艦隊司令長官宇《う》垣《がき》纏《まとめ》中将は、その日午後、サンフランシスコ放送によって日本政府が降伏を申し入れたことを知った。

「こうした重大事を、なぜ司令長官たる自分に一言も知らせなかったのか」

と、宇垣中将は悲憤した。

同じころ陸軍省の防空壕でも、のちにクーデターを計画する五名の将校が悲憤の涙を流していた。

このころからポツダム宣言を巡る閣議や最高戦争指導会議の内容が世間に漏れ出し、人心の動揺が高まりはじめた。そして軍の和平反対派の策動を憂慮して、早急な発表を促す声が各方面に高まった。

連合国からの回答に軍部が大反発。揺れに揺れる日本の中枢

トルーマン大統領（左）とバーンズ国務長官（右）。親日派のグルーが中心となって作成した「ポツダム宣言」草案にあった天皇制存続に関する部分を削除したのがバーンズだった。

八月十二日午前三時、バーンズ国務長官が起草した連合国側の回答を、同盟通信社が受信した。外務省の渋沢条約局長は、「軍人は訳文だけを見て判断するのだから」と、「subject to」に「制限の下に」との訳文をつけた。

バーンズ回答の邦訳文は次のようである。

合衆国、連合王国、ソビエト社会主義共和国連邦及中華民国の各政府の名に於ける合衆国政府の日本国政府に対する回答

ポツダム宣言の条項は之を受諾するも、右宣言は天皇の国家統治の大権を変更するの要求を包含し

居らざることの了解を併せ述べたる日本国政府の通報に関し、吾等の立場は左の通りなり。

降伏の時より天皇及び日本国政府の国家統治の権限は、降伏条項の実施のため、その必要と認むる措置を執る連合軍最高司令官の制限の下に置かるるものとす。

天皇は日本国政府及び日本帝国大本営に対し、ポツダム宣言の諸条項を実施するため必要なる降伏条項署名の権限を与へ、且これを保障することを要請せられ、また天皇は一切の日本国陸・海・空軍、官憲及びいずれの地域に在るを問はず右官憲の指揮下に在る一切の軍隊に対し戦闘行為を終止し、武器を引き渡し、及び降伏条項実施のため最高司令官の要求することあるべき命令を発することを命ずべきものとす。

日本国政府は降伏後ただちに俘虜及び被抑留者を連合国船舶に速かに乗船せしめ得べき安全なる地域に移送すべきものとす。

最終的の日本国の政府の形態は、ポツダム宣言に遵《したが》ひ日本国国民の自由に表明する意思により決定せらるべきものとす。

連合国軍隊はポツダム宣言に掲げられたる諸目的が完遂せらるる迄日本国内に留まるべし。

ところが午前八時三十分、豊田軍令部総長と梅津参謀総長は「subject to」は「隷属する」

の意味であり、これでは国体の護持は貫かれないとして、連合国回答の受諾拒否を奏上した。天皇は「まだ公式の回答ではなく翻訳が正確であるかどうかもわからない」とはね返した。これを知った米内海相は、豊田総長と大西次長を呼びつけ、一時間半にわたって叱責した。海相室からは日ごろ聞かれない怒声が漏れ続けた。

午前十時。陸軍省では幕僚らが阿南陸相のもとへ押しかけ、こちらも受諾拒否を強要していた。阿南陸相の義弟である竹下正彦中佐（陸軍省軍務課内政班長）は、

「もし阻止できなければ大臣、腹を切ってください」

と詰め寄り、軽挙をいましめた佐藤戦備課長に対して、畑中健二少佐（陸軍省軍務課員）は、

「大臣、バドリオ（裏切者の意）を処分してください」

と叫んだ。バドリオとはイタリアの軍人で、参謀総長を務めたこともあるが、ムッソリーニと意見が合わず左遷されていた。ところが一九四三年七月にムッソリーニが逮捕されるや首相に任命され、同年九月に連合軍と単独で休戦協定を結んだ。日独伊枢軸同盟を勝手に破ったとして、日本では「バドリオ」といえば、裏切り者の代名詞にされていた。

畑中健二陸軍少佐。終戦を受け入れず、「仮令逆賊なりとても永遠の国体護持のために」とクーデターを画策する。

十二日の午後三時三十分、「バーンズ回答」をテーマに閣僚懇談会が開かれた。会議は〝懇談会〟とはほど遠く、荒れに荒れた。東郷外相は刷り物をいっさい配ろうとはしなかった。原文はいうまでもなく、言を左右にして訳文さえも閣議のテーブルにのせることなく押し通した。

しかし阿南陸相も頑強に抵抗した。夕方になって、鈴木首相がついに弱音を吐いた。「戦争継続やむなし」と言い出しはじめ、連合国に対する再照会案を口にしたのである。

憤激した東郷外相は辞意を表明したが、午後六時三十分、木戸内大臣を訪ねて鈴木首相の説得を乞うた。

午後八時、阿南陸相は三笠宮を訪問した。戦争継続への助力を乞うためであったが、逆に「陸軍は満州事変以来、陛下の意思にそむいてばかりいる」と叱責されて退出した。

午後九時三十分、木戸内大臣は鈴木首相と面談した。連合国からの回答を受諾することは天皇の意思であることを強調し、「それによって国内に動乱が起きたときは、われわれが命をなげうてばよい」と説いた。

鈴木首相は力強くうなずいた。

実はこの日午後三時、宮中において皇族会議が開かれていた。在京の皇族全員が集まったが、ここでもごく短時間で和平の結論を出していた。

ソ連軍が南樺太に上陸を開始したのはこのころだった。
長く、大揺れの一日はこうして終わろうとしていた。

果てしなく続く首脳たちの降伏を巡る重苦しい戦い

八月十三日——また長い一日が始まろうとしていた。長崎に原爆が投下された八月九日以降、米英の空母機動部隊が日本の太平洋沿岸に押し寄せ、この日も長野、松本、上田、須坂、さらには山梨県の大月、千葉の成東などに艦上機による銃爆撃を繰り返した。九州や四国には沖縄を基地とした米軍機も飛来するようになっている。

午前四時前、阿南陸相は秘書官の林大佐に、広島にいる第二総軍司令官の畑俊六元帥を呼ぶよう命じた。〝原爆恐怖症〟にかかった天皇に、原爆恐るるに足らずと上奏してもらうつもりであった。

午前九時から首相官邸において、最高戦争指導会議構成員会議が開かれた。鈴木・東郷・米内の和平派と、阿南・豊田・梅津の強硬派との対立はいぜん平行線のままであった。

強硬派の主張は、軍の武装解除は日本が自主的にやり、保障占領は本土周辺の島だけにしてもらいたいと、もう一度連合国側に申し入れてほしいというものである。これに対し

長崎の原爆は爆発直後、半径200メートルもの火球をつくり、その表面温度は摂氏7700度にも達した。周辺の可燃物はすべて焼き払われ、後に残ったのは瓦礫と石ころだけとなった。写真の遠方に見えるのは大浦天主堂。

て東郷外相は従来の主張を繰り返した。

「いまさら新しい条件として、そのようなことを申し入れても相手は聞き入れないに決まっています。阿南さんの言われることはよくわかりますので、申し入れという形ではなく、終戦の話し合いの中で、外交交渉の一部として切りだしてみましょう」

この会議のあいだに天皇は梅津、豊田両総長を呼び、和平交渉をやっているあいだは作戦を手控えたほうがよくはないかと下問した。両総長は積極的な作戦は控えて、受動的な防衛にとどめる旨を奏上した。

皇族も軍部を抑えるために動いていた。この日の朝、三笠宮は軍務局に出向き、「陸軍の若い連中の態度はよろしくない。阿南はじめ皆の行動は聖旨にそぐわないではないか」と詰問した。

構成員会議はまたも結論を見ないまま午後三時に終了し、四時から閣議が開かれた。阿南陸相は相変らず主張を変えなかったが、この間「陸相は時々思い惑う態が見えた」と東郷外相は書いている。

閣議開催中に外部では、和平派の心胆を寒からしめる出来事が起こっていた。『大本営午後四時発表。皇軍は新たに勅命を拝し、米英ソ支四カ国軍に対し、作戦を開始せり』という〝大本営発表〟が新聞社と放送局に配布されたのである。阿南陸相はもちろん知らない。新聞記者から連絡を受けた迫水内閣書記官長は梅津参謀総長の手を借りて、〝発表〟が放送されるわずか数分前に取り消すことに成功した。

午後十時、閣議を終えて陸軍省に帰った阿南陸相を、竹下正彦中佐をはじめ数名の中堅将校たちが待ち受けていた。軍務局を中心とする中堅幕僚たちである。前日、阿南に対して進言したクーデター計画の承認を求めるためであった。

ほかの将校たちが帰ったあと、阿南陸相はひとり残った義弟の竹下中佐に漏らした。

「ああ人が多くては本当のところを口にするわけにはいかない」

この呟《つぶや》きを、竹下中佐はクーデターのゴーサインだと解釈した。

この間、首相官邸では東郷外相と梅津参謀総長、豊田軍令部総長の攻防が続いていた。真夜中の十二時近く、大西軍令部次長も押しかけて「二千万人の日本の男を特攻で殺せば、この戦争には負けない」などと息まいたが、東郷外相は「勝つことが確かなら、ポツダム宣言を受諾するかしないかなど議論する必要はない」と突っぱねた。まさに東郷外相の孤軍奮闘といってもいい一日だった。

深夜。迫水書記官長が起草したとされる原文に、漢字の泰斗《たいと》川田瑞穂と安岡正篤の添削を終えて、「終戦の詔勅」の草案が完成した。

第Ⅶ章

日本の一番長い日

日本の降伏を知り、皇居前に駆けつけて頭を下げる親子。

8月14日、2度目の聖断が下り
正式にポツダム宣言の受諾が決定する。
しかし、終戦を受け容れない一部の将校などが
徹底抗戦を叫び、最後の抵抗を試みる。

最後の聖断下る!

「万民にこれ以上の苦悩はなめさせられない」

天皇の涙の「聖断」で戦争に終止符を打った最後の御前会議

六巨頭や閣僚の意表を衝いた首相と書記官長の御前会議召集

昭和二十年八月十四日午前七時、阿南陸相は軍事課長の荒尾興功《あらおおきかつ》大佐をともなって梅津参謀総長を訪ね、クーデター決行に対する意見を聞いた。梅津は賛成しなかった。

阿南陸相は午前十時から開かれる閣議に出るため、その足で首相官邸に回った。すでに大半の閣僚は姿を見せていた。その閣僚たちに、天皇から「午前十時三十分までに至急参内せよ」という通知があった。事は急を要するから、特に服装を改める必要はないと付け加えられていた。しかし開襟シャツ姿の豊田貞次郎軍需大臣は、さかんに「困った、困った」を連発していた。

この御前会議は鈴木首相、迫水書記官長によって仕組まれた会議といってもいい。通常の御前会議は、会議参列者が花押《かおう》したご臨席奏請の書類を天皇に提出するのだが、今回はとても無理な状況だった。

というのは、四日前の八月九日の最高戦争指導会議構成員会議の折、実は迫水書記官長は、緊急の会議用にとあらかじめ書いてもらっていた梅津、豊田両総長の花押を無断で使ってしまったので、今回は花押をもらいづらかった。そこで迫水は鈴木首相に提案した。

「きわめて異例のこととは存じますが、今度の御前会議は陛下のほうからお召しをいただくようにされたらいかがでしょう」

鈴木首相は即座に了承し、お召しの範囲も最高戦争指導員会議の六巨頭と四人の幹事、それに全閣僚と平沼枢密院議長も加えることにした。いってみれば、日本をリードするオールスターになったのである。鈴木首相はただちに参内し、天皇に奏上して許可を得、参列者への通知となった。

8月9日の御前会議で一旦条件付きでのポツダム宣言受諾が決まったものの、政府首脳は国体護持をめぐってさらに検討を重ねた。そうするうちにも日本本土には空襲が続き、再度の聖断が下った8月14日には、大阪に100機のB29が来襲し大阪造兵廠を壊滅させた。写真は焼け跡となった心斎橋を行く人たち。

昭和天皇、御前会議で戦争終結に最後の聖断

御前会議は午前十時五十分ごろから始められた。

鈴木首相はこれまでの経過を説明し、改めて反対のある者から意見を述べて聖断を仰ぎたい旨言上《ごんじょう》した。阿南陸相、梅津参謀総長、豊田軍令部総長は戦争の継続を主張した。

天皇はうなずいて聴いたのち、「ほかに意見がなければ、私の意見を述べる」と話しはじめた。

「反対側の意見はそれぞれよく聞いたが、私の考えはこの前に申したことに変わりはない。私は世界の現状と国内の事情とを充分検討した結果、これ以上戦争を継続することは無理だと考える。

国体問題についていろいろの疑義があるということであるが、私はこの回答文の文意を通じて、先方は相当好意を持っているものと解釈する。先方の態度に一抹の不安があるというのも一応はもっともだが、私はそう疑いたくない。要はわが国民全体の信念と覚悟の問題であると思うから、この際、先方の申し入れを受諾してもよろしいと考える。どうか皆もそう考えてもらいたい。

さらに陸海軍の将兵にとって武装の解除なり保障占領というようなことは、まことに堪えがたいことで、それらの心持ちは私にはよくわかる。しかし、自分はいかになろうとも、万民の生命を助けたい。

このうえ戦争を続けては、結局わが国がまったく焦土となり、万民にこれ以上の苦悩をなめさせることは、私としては実に忍びがたい。祖宗《そそう》の霊にお応《こた》えができない。和平の手段によるとしても、もとより先方のやり方に全幅の信頼をおきがたいことは当然ではあるが、日本がまったくなくなるという結果にくらべて、少しでも種子が残りさえすれば、さらにまた復興という光明も考えられる。

私は、明治大帝が涙をのんで思い切られたる三国干渉当時の御苦衷をしのび、この際、耐えがたきを耐え、忍びがたきを忍び、一致協力、将来の回復に立ち直りたいと思う。

今日まで戦場にあって陣没し、あるいは殉職して非命に斃《たお》れたる者、またその遺族を思うときは悲嘆に堪えぬ次第である。また戦傷を負い、戦災をこうむり、家業を失いたる者の生活に至りては、私の深く心配するところである。この際、私としてなすべきことがあれば何でもいとわない。国民に呼びかけることがよければ、私はいつでもマイクの前にも立つ。

一般国民には今まで何も知らせずにおったのであるから、突然この決定を聞く場合動揺も甚しかろう。陸海軍将兵にはさらに動揺も大きいであろう。この気持ちをなだめることは相当困難なことであろうが、どうか私の心持ちをよく理解して陸海軍大臣は共に努力し、よく治まるようにしてもらいたい。必要あらば自分が親しく説き諭してもかまわない。この際詔書を出す必要もあろうから、政府はさっそくその起案をしてもらいたい。

以上は私の考えである」

この天皇の発言内容は、『終戦記』（下村海南〈宏〉著）によれば下村宏情報局総裁が御前会議終了直後につくったメモを、左近司国務相、太田文相、米内海相の手記と照合し、さらに鈴木首相の校閲を経たもので「御諚《おんじょう》としては最も真を写したものである」という。

涙をぬぐいながらの天皇のお言葉が終わると、鈴木首相が立ち上がってお詫びの言葉を述べた。

「われわれの力が足りないばかりに、陛下には何度もご聖断をわずらわし、大変申し訳ございません。臣下としてこれ以上の罪はありません。ただいま陛下のお言葉をうけたまわり、日本の進むべき方向がはっきりしました。この上は陛下のお心を体して、日本の再建に励みたいと決意しております」

天皇も涙を流し、会議の出席者も号泣するなか、御前会議は正午に終わり、天皇は退席していった。

午後一時、閣議が開かれ、主として終戦の詔勅について議論が展開された。午後八時三十分、赤インクの書き込みや貼り紙のついた詔書案を鈴木首相が奉呈した。そして八月十四日午後十一時付でポツダム宣言受諾に関する詔書が発布された。

詔書発布と同時に、東郷外務大臣からスイスの加瀬公使に、ポツダム宣言受諾に関する電報が打たれた。すなわち、中立国のスイス政府を通じて米英ソ中の四カ国に対し、日本がポツダム宣言を受諾する旨伝えてもらうよう依頼せよというものである。よって日本の正式な降伏——終戦は、実はこの八月十四日午後十一時なのである。

その十一時すぎ、閣僚も帰ったあと、鈴木首相と迫水書記官長の二人が総理大臣室にいると、帯剣姿の阿南陸相が入ってきた。阿南は終戦の議論が起こって以来の自らの態度を詫び、丁寧に一礼して帰っていった。

「阿南君は暇乞いにきたのだね」

鈴木首相は呟くように言った。

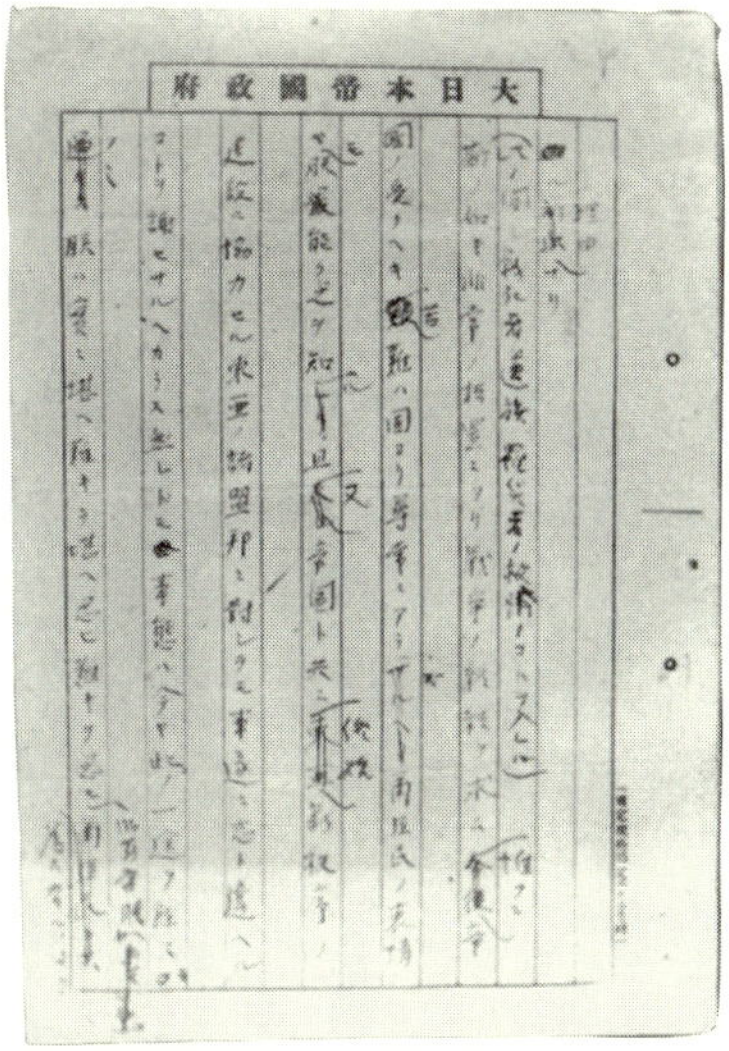
大日本帝國政府

終戦の詔勅の下書き。迫水内閣書記官長が中心となって草稿が作成された。

戦争続行を叫ぶ中堅将校たちの反乱

近衛師団長を殺してニセ命令書を出した過激派将校

「聖断下る」の知らせに泣き出した畑中少佐

ところで前記したように、ポツダム宣言受諾——戦争終結——の事実は、六巨頭と閣僚など限られた政府関係者以外には極秘扱いにされてきた。「神州不滅」「尽忠報国」「一億総玉砕」を声高に説かれてきた国民や軍隊が、降伏という屈辱的な結末を知れば、激しい混乱が起きることが予想されたからだ。

そこで、天皇の強い意志によって「終戦」と決定したことを前面に出すことによって、ことに軍隊の不満と混乱を押し込めようというのが政府の考えだった。その唯一最良の方法は、天皇自らの声で終戦の詔書を読み上げ、戦争の終結を全国民に告げることだった。問題はその方法だが、事前に天皇自身が読み上げる終戦の詔書を録音盤に録音したものを、日本放送協会のラジオから流し、国民に伝えようというものだった。

この録音盤（玉音盤）による「玉音放送」が、降伏反対、終戦反対を叫ぶ一部の中堅将校たちに乗ずる隙を与えた。この玉音放送を阻止すれば、国民は終戦の事実を知らないから戦争は継続できると考えたのである。陸軍内で終戦反対を叫ぶクーデターの動きが表面化したのは、既述したように昭和二十年八月十二日だった。その中心は陸軍省や参謀本部の少佐・中佐など中堅将校たちだった。その数はわずかだったが、彼らは参謀次長の河辺虎四郎中将や阿南惟幾陸相などを脅して、クーデター決行を迫った。

阿南が参謀総長の梅津美治郎大将にクーデター決行の賛否を聞きに行ったのも、彼ら将校たちに突き上げられたからに違いない。阿南にも河辺にも、大西瀧治郎軍令部次長を叱り飛ばした米内光政海相ほどの度量も勇気もなかったのである。

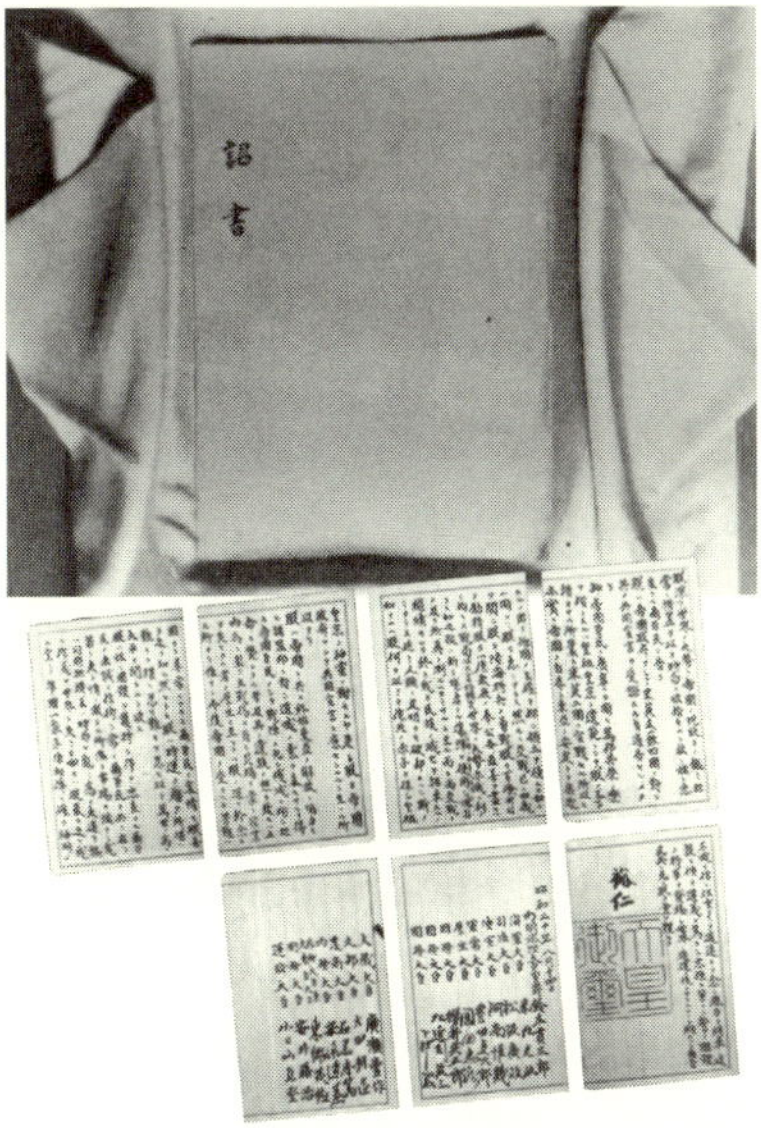

1945年（昭和20）8月14日に発布された終戦の詔書。翌日、玉音放送として流れ、全国民が終戦を知ることとなった（全文はp310）。

それはともあれ、政府首脳が「終戦」に苦しんでいるとき、彼ら抗戦派将校はクーデター計画を推し進めていた。八月十三日午後八時過ぎ、東京・三宅坂の陸相官邸に

陸軍軍務課員竹下正彦中佐。陸軍中将竹下平作の次男で、兄弟3人が陸軍中佐となった。姉たちは阿南陸相をはじめ、陸軍中将、陸軍大佐に嫁ぐ生粋の陸軍の家系だった。

荒尾興功軍事課長をはじめ、軍務課員の竹下正彦、稲葉正夫の両中佐と畑中健二少佐が、阿南陸相にクーデター計画の最終承認を求めてきた。つまり、当初の計画では陸相を中心に全陸軍の決起を目指そうとしていたのである。しかも、彼らはその計画を翌十四日朝に決行するという。さすがに阿南陸相もこれには賛否の即答を避けた。

結局、十四日朝に決行する予定だったクーデターは失敗に終わった。陸軍を挙げての計画となれば、陸相はもちろん参謀総長や東部軍管区司令官、近衛師団長などが一致して動かなければならないが、近衛師団長の森赳《もりたけし》中将は当初から見込み薄だし、梅津参謀総長もクーデターには絶対反対の立場をとっている。やむなく竹下は部下の椎崎二郎中佐や畑中と謀って、近衛師団による宮城占領を骨子とするクーデター計画の第二弾をつくり上げた。しかし時すでに遅く、この日正午には御前会議で天皇による無条件降伏の聖断が下されていた。聖断に逆らうことはできない。阿南も抗戦を断念せざるをえなかった。

「陸相、宮城より戻る」の知らせに、大臣室には抗戦派の面々が集まった。「御聖断下る」と聞いて、すかさず軍事課の井田正孝中佐が「大臣、決心変更の理由は」と詰問した。

阿南は、一瞬たじろいだ。

「陸相は半ば咽《むせ》ぶようにして『陛下はこの阿南に対し、お前の気持ちはよく分る。苦しかろうが我慢してくれ、と涙を流して申された。……自分としてはもはやこれ以上反対を申しあげることはできなかった』と述べ、ついでやや決然たる語調で『不満に思う者はまず阿南を斬れ』とつけ加えられた」（「井田手記」）

突如、隅のほうから激しい嗚咽《おえつ》が聞こえてきた。畑中少佐である。

森近衛師団長の射殺後に出されたニセ作戦命令

聖断が下ったことで、徹底抗戦をとなえていた幕僚グループも、次第にその戦意を喪失していく。そんななかにあって畑中少佐だけは違っていた。彼は抗戦の意思をくずそうとせず、その後も十五日正午に予定されている終戦の玉音放送を前に、なんとか大勢を逆転しようと精力的に動く。

陸軍大臣室を飛び出した畑中は、その足で北の丸の近衛師団司令部へ行き、参謀の古賀秀正少佐（東条英機大将の女婿）や石原貞吉少佐らと画策し、師団長の決心さえ得られるならば、近衛師団は行動を共にできるよう工作準備を進めていった。全軍を挙げての組織的

近衛師団参謀としてクーデターに参画した古賀秀正少佐。父は陸軍少将古賀用六、妻は東条英機の娘、妹は陸軍少佐杉山三郎に嫁ぐという、やはり陸軍の家系だった。クーデター後、自決。

なクーデターは無理としても、近衛師団の協力のもと、宮城を占拠して玉音放送の録音盤を押さえ、その上で天皇を擁して号令すれば、東部軍を引きずり出すこともできるし、やがては全軍を戦争維持へと導くことも可能であろう、というのが彼の構想であった。

畑中少佐は積極的に動き回っていた。その熱心さに引きずられて、まずは椎崎中佐が参加し、次いで井田と竹下両中佐も引き込まれた。畑中少佐がその椎崎中佐、井田中佐と連れだって、陸大時代の恩師である森師団長を竹橋の近衛師団司令部に訪ねたのは十四日の夜十一時過ぎだった。しかし師団長には先客があり、一時間あまり待たされた。

やがて三人が師団長室へ通されたときは、もう十二時を回っていた。すでに森中将は和服に着替え、部屋には森の義弟にあたる白石通敬中佐（第二総軍参謀）も同席していた。彼らの師団長への説得は一時間近くも続く。その間、畑中は「竹下中佐に連絡がある」といって中座しており、説得役はもっぱら井田が務めるかたちになってしまった。

「このことあるを予期されていた森中将は、当初は真向から反対されたのであったが、次第に耳を傾けられ、相槌を打って同感の意を表されるように見受けられた。言うべきを言いつくした私は、師団長を凝視してその返事を待った。滴《したた》る汗は首から背中に胸に伝わる。押しつまるような沈黙と静寂が部屋を圧した。やがて師団長は重い部屋の空気をサッときり開くように、はっきりとこういわれた。

『諸君の意図は十分了得した。率直に言って感服した。私も赤裸々の日本人として、今ただちに明治神宮の神前に額き、最後の決断を授かろうと思う』

この一言ほど、嬉しかったことは私の過去に、あるいはまた将来にも無いであろう」（「井田手記」）

難物中の難物と思われた森師団長を、やっと説得したと井田は思った。そして「水谷（一生）参謀長にも会って意見を聞くように」という森の言葉に従って、彼は参謀長室へと向かう。そんなところに上原重太郎大尉（航空士官学校教官）と窪田兼三少佐（航空通信学校教官）を従えて帰ってきたのが畑中である。一時半ごろのことだった。

井田中佐は畑中少佐に師団長室で待つように言って、参謀長室へ行った。

「ところが、それから十分も経ったであろうか、突如として師団長室が騒がしくなったような気がした。つづいて一発の銃声……床を踏む靴音の乱れ……」（「井田手記」）

のちに、その場に居合わせた窪田少佐が語ったところによると、この時、まずは畑中が

近衛歩兵第1・第2連隊表門。現在の日本武道館のあたりで、師団長が殺害された近衛師団司令部までは歩いて10分足らずである。

一人で師団長室へと入ったが、森に一喝されて出てくるなり二人に合図、すぐさま上原と窪田が軍刀を抜きはらって進入したという。

惨劇は一分とかからなかった。刀を振りかざしながら入ってきた二人を見て、そばにいた白石中佐が義兄の森をかばうように立ち上がった。委細かまわず上原大尉が白石を袈裟《けさ》懸《が》けに斬りつけた。続いて畑中のピストルが火を吹き、一発で師団長を即死させてしまった。

「不吉な予感にハッとした私は、参謀長室を出ようとした途端、畑中が私の所へ飛んで来た。顔面蒼白、悲痛な声を振りしぼって、『時間がなくなりましたので……やりました。……東部軍を頼みます』と泣かんばかりである」（「井田手記」）

畑中は逆算して、二時までに兵を動かさなければ計画が総崩れになると、あせって凶行におよんだのである。いつまでも悔やんではいられない。

やがて、思いなおしたように畑中は皇居へと向かい、続いて窪田も後援隊組織のために上野公園に向かう。後に残ったのは椎崎、古賀、石原の三少佐だが、彼らは師団長室を占拠すると、かねてから準備していた命令書の下達を開始した。
この日、近衛第一師団から、発せられた命令は次の通りである。

近衛第一師団作戦命令
八月十五日午前零時
近衛第一師団司令部
一、諸般ノ情勢ヨリ察スルニ、米軍ノ本土上陸ハ近日中ト予測セラル
二、師団ハ主力ヲ以テ宮城ヲ、一部ヲ以テ放送局ヲ遮断シ、陛下ヲ奉護シ奉ラントス
三、近衛歩兵第一連隊ハ速ニ営庭ニ集合シ、爾後ノ行動ヲ準備スベシ
四、近衛歩兵第二連隊ハ更ニ一大隊ヲ宮城内ニ増加シ、前任務ヲ続行スルト共ニ宮城内通信網ヲ遮断スベシ
五、近衛歩兵第六連隊ハソノ二大隊ヲ以テ大宮御所ヲ守護シ奉ルベシ
六、近衛歩兵第七連隊ハ主力（二大隊半）ヲ宮城前広場ニ集結シ、ソノ一中隊ヲ以テ放送局ヲ占拠スベシ

つまり近日中にアメリカ軍の本土上陸が予測されるから、それに備えて兵力をもって皇居、大宮御所を固めて天皇を守護し、同時に放送局も占拠せよというものである。

師団長が殺害されたあとに出されたこの命令が「ニセ命令」であることはいうまでもないが、それを受ける近衛各連隊は、そんなことは知るよしもない。皇居警備中の近衛歩兵第二連隊はすぐさま皇居のすべての門を閉鎖し、皇居内の紅葉山にある通信所を占拠するために行動を開始した。

「女官寝室」に隠された終戦の詔書の玉音盤

一方、森師団長が殺されたころ、宮中では天皇陛下による終戦詔書の放送録音はすべて終了していた。徳川義寛侍従のGHQ歴史課への陳述「八・一五事件について」（昭和二十五年十月三十一日聴取）によれば、その日、天皇陛下がマイクの前に立つために御文庫を出発したのが午後十一時二十五分で、録音を終えて御文庫に帰ったのが十五日の午前零時五分である。それにしたがえば、録音が始められたのは十四日の午後十一時三十分ごろからということになる。

場所は宮内省の奥まった一室、天皇の仮執務室に当てられていた部屋で、放送に際しては窓際に石渡荘太郎宮内大臣と藤田尚徳侍従長が、そして壁際には下村宏情報局総裁が侍立し、録音装置の機器類やスタッフは次室（拝謁の間）でその作業に当たっていた。

無事、終了したのが夜中の十二時。

終戦の詔書が録音された玉音盤。録音は宮内省の仮執務室で行われた。天皇の声の具合で2度録音された。

「了《おわ》って私はその室と廊下を隔てた侍従室に於いて少憩した。そこで筧《かけい》素彦総務課長との相談の上、音盤は保管の安全を慮《おもんぱか》って侍従職に保管することとし、同課長から私が受け取った。私は陛下の自室（皇后宮事務官室）に至り音盤を同室内の軽金庫に納めた」（前出徳川侍従の証言）

そのとき、徳川侍従は将校グループによるクーデターが宮中にまでおよぶとは思いもよらなかったが、一説によれば、録音盤を保管したその部屋に、わざわざ「女官寝室」の札をかけておいたとも伝えられている。万一、反乱が起こったにせよ、女官寝室ならば誰も踏み込むことはないだろうとの考えからだったようだが、まさに珍策。しかし、結果的にはそれが見事に功を奏したことになる。

徳川侍従が事件を知ったのは、その夜の午前三時ごろである。すでに宮内省は将兵たちに占拠されている様子だ。徳川侍従はとっさの機転で、石渡宮内大臣と木戸内大臣を地下の防空壕（通称・金庫室）に避難させた。

近衛兵たちは録音に携わった下村宏情報局総裁をはじめ、情報局の加藤部長や山岸放送課長、川本秘書官、放送協会の大橋会長など（一行十八名）の帰りを待って、坂下門のところで拘束、大内山の狭い部屋に閉じ込めた。そのうえで終戦の詔書を録音した玉音盤を捜し回った。しかし玉音盤はついに見つからなかった。

「一死　以て大罪を謝し奉る」阿南陸相の覚悟の自決

そのころ、畑中少佐に東部軍管区司令部の説得を頼まれていた井田中佐は、日比谷の第一生命ビルにある東部軍管区司令部で参謀長の高島辰彦中将、参謀の不破大佐、同じく板垣中佐を前に、自分たちの計画に同意するよう説得に努めていた。真夜中の午前二時過ぎのことである。

「森師団長射殺さるの報は、東部軍首脳を驚愕と困惑の淵に追込んだにすぎず、感激も興奮もなき沈鬱は死の谷のような表情であった……」（「井田手記」）

いつしか部屋には板垣中佐だけしかいなくなっていた。井田中佐は完全なる敗北を意識した。

たしかに求める録音盤は見つけ出せなかったものの、皇居への籠城態勢は整い、天皇を擁して籠城するかぎり、日本人が相手なら天下無敵ではある。しかし、このまま籠城を続けていれば、東部軍との一戦もまぬがれることはできないかもしれない。ついに彼は板垣中佐の前に「夜が明けぬうちに撤兵させましょう」と、無念の約束をしたのだった。

東部軍管区司令部が入っていた第一生命ビル。終戦とともにGHQが置かれた。

井田が東部軍司令部を出たのは午前二時四十五分ごろである。彼はその足で皇居へと向かう。乾門《いぬいもん》から近衛歩兵第一連隊本部前へ。そこで畑中少佐とバッタリ出会った。井田は、自分たちの計画が失敗に終わったことを説いた。

「これも天命と諦め、不祥事の起こらぬうちに速やかに兵を引き、我々だけで責任をとればよいではないか。世の中の人は、真夏の夜の夢を見たといってくれるだろう」

井田の言葉に畑中も寂しげにうなずく。二人はそこで別れた。それが、井田が畑中を見た最後だった。井田はそのままこれまでの顚末を阿南陸軍大臣に報告するため、三宅坂の陸軍大臣官邸へ向かった。官邸に着いたのは午前四時ごろだった。

すでに陸相は上半身裸になって、その腹部には晒木綿《さらし》を巻き、まさに切腹をする直前であった。井田がその夜の出来事を説明するまでもなく、すでに阿南陸相は二時半ごろ窪田少佐からの報告を受けて、事の顚末はすべて承知していた。だが、報告は受けたものの、陸相はとくにその処置を命ずることもなく、「本夜のお詫びも一緒にする」と短くもらしただけだったという。

井田は手記の中で、そのときの模様を次のように記している。

「廊下に膝行《しっこう》した私は、挨拶の言葉もなく、しばし涙にくるるばかりであった。陸相はきわめて機嫌よく、『よく来た。もっと中に入り給え』と言って、膝が触れるところまで招かれ、『今死のうと思うが、君はどう思うか』とまず聴かれるのであった。私はとっさに、宮城事件は報告せずにおき、陸相を安らかに死なすべきだと決心し、『結構であると思います』と答えると、陸相は安心したように、『そうか、君も同意してくれるか』と言いつつ、私の手を固く握られた」

その後、竹下中佐もまじえ、三人で酒を酌み交わしたというが、その間、阿南陸相は何度も「君たちは死んではならぬ、苦しいだろうが生き残って、日本の再建に努力してくれたまえ」と言っていたという。

阿南陸相が自刃《じじん》したのは八月十五日午前四時四十分で、絶命は七時十分と記録されているが、その遺書はきわめて簡単なものだった。

一死　以て大罪を謝し奉る

昭和二十年八月十四日夜

陸軍大臣阿南惟幾　花押

とのみ記されていた。

戦後、陸軍省があった市ヶ谷の防衛省には、阿南陸相の荼毘の跡として建てられた石碑が残っている。

阿南陸相が自決して間もない八月十五日の朝、外務省の安東政務局長から陸相自刃を聞いた東郷外相は、感慨深げに漏らした。

「そうか、十四日夜、阿南は『陸軍大臣として君とは随分議論を戦わしたが、ご厄介になった。まず無事にゆきまして結構でした』とにこにこしておった。そうか腹を切ったか、阿南というのは、いい男だな」

自暴自棄、抗戦派将校たち最後の抵抗劇

鈴木首相の私邸をはじめ、政府首脳邸を次々焼き討ちする断末魔の抗戦派

激派将校のラジオジャックを撃退したＮＨＫ職員

千代田区内幸町にあったＮＨＫの放送会館。ラジオ放送は、昭和26年に名古屋の中部放送が開局するまでＮＨＫの独占状態だった。

当時、日本放送協会（ＮＨＫ）の放送会館は千代田区内幸町にあった。その放送会館も八月十五日の午前三時半ごろから近衛歩兵第一連隊の一個中隊によって占拠されていた。四時半ぐらいには陸軍省軍務課員の畑中健二少佐がやってきて、いきなり報道部室に押し入ると、そこに居合わせた柳沢副部長にピストルを突きつけ、午前五時からの放送に自分たちが出られるようにと要求した。ことが思う

ように運ばなかったためか、イライラしている様子である。

「全国同時放送だから、各局とも連絡をとってからでなければ、簡単に電波を流すわけにはいきません」

と柳沢副部長がはぐらかす。

話していてもラチがあかないと見てとったのか、畑中少佐はきびすを返すと隣のニュースタジオへ入っていった。放送会館12スタジオでは、五時からの放送開始を前に、館野守男アナウンサーがニュース原稿の下読みをしている最中だった。

この日のトップニュースは「つつしんでお伝えいたします。……天皇陛下におかせられましては、本日正午御自らご放送あそばされます。……ありがたき放送は正午でございます……」という玉音放送の予告である。

畑中少佐は館野アナウンサーに対してもピストルを突きつけながら「自分に放

放送会館のスタジオで、マイクに向かう館野アナウンサー。昭和13年にNHKに入社し、昭和16年12月8日の開戦の詔勅も読み上げた。

送させろ」と迫った。見れば、何やらザラ紙に書いた一センチほども厚みのある原稿を用意している。クーデターを起こした趣旨を、全国民に訴えようとするものらしい。

「宮城を守備しありし我が部隊は……」

といった書き出しも見える。だが、館野は落ち着きはらって「警戒警報発令中でもありますし、放送するには東部軍の許可がなければできません」と断った。

いらつきながら畑中少佐は部下に命じて、東部軍管区司令部に電話を入れさせた。しかし放送許可が得られるはずはなく、やむなく一行は放送会館を後にした。

それにしても井田中佐が陸相官邸に駆けつける前、畑中にあれほど兵を引き揚げるよう念を押しておいたにもかかわらず、彼はまったくそれをしなかったことになる。結局、近衛連隊の間を走り回り、直接、解散に導いたのは東部軍管区司令官の田中静壱《たなかしずいち》大将だったのである。

クーデター失敗、皇居前で自決した畑中少佐と椎崎中佐

田中軍司令官が森近衛師団長の殺害を知ったのは、十五日の午前二時近くだった。激怒した田中大将はすぐさま軍装を整え、空が白みはじめるのを待って近衛歩兵第一連隊へ駆

けつけた。営門を入ると二千名あまりの兵隊が、まだ明けやらぬ営庭に整列している。田中大将は渡辺連隊長を呼びつけると、近衛師団長名で発せられた命令がニセものであったことを告げ、即刻、兵を解散させよと命じた。

続いて田中大将は宮城に向かい、乾門の警備に当たっていた近衛歩兵第二連隊に対しても解散を命令した。さらに宮内省へ渡って、侍従武官室に軟禁状態となっていた侍従武官長の蓮沼蕃大将を解放したのち、二重橋内の近衛衛兵本部に入った。

放送局での工作が思うにまかせず、意気消沈の体で畑中少佐が衛兵本部へ戻ってきたのはちょうどそのときだった。居合わせた椎崎少佐とともに、畑中少佐は田中軍司令官に、抗戦のやむなき理由を切々と訴えた。

一通り彼らの言い分を聞き終わると、田中軍司令官は静かに話し出した。ご聖断を下さなければならなかった天皇陛下の苦しい胸の内や、いま日本の置かれている立場など、こと細かに誠心誠意を込めて話して聞かせた。その熱弁は実に三時間にもおよんだという。

衛兵本部に詰めていた将校のなかには、声を上げて泣き出した者もいた。

かくしてクーデターの幕は下ろされた。首謀者の椎崎二郎中佐と畑中健二少佐の二人は、玉音放送が電波に乗って全国に流される前にピストルで自決した。陸軍省軍務課が太平洋戦争の開始以来、ずっと書き続けてきた『機密戦争日誌』の最後のページは、次のように記されている。

八月十五日　木曜

一、次官閣下以下に報告

二、十一時二十分椎崎、畑中両君宮城前（二重橋ト坂下門トノ中間ノ芝生）ニテ自決、午後屍体ノ引取リニ行ク

三、大臣、椎崎、畑中三神ノ茶毘《だび》、通夜

コレヲ以テ愛スル我カ国ノ降伏経緯ヲ一応擱筆ス

首相官邸襲撃と相次いだ政府要人邸への放火事件

八月十五日未明、一台の乗用車と二台のトラックに分乗した一隊が、永田町の首相官邸前に到着した。東京警備軍第三旅団隷下旭部隊横浜隊所属の予備大尉・佐々木武雄が率いる兵三十名と、横浜工業専門学校、東京工業大学の学生が七名である。学生はいずれも前横浜工専校長の鈴木達治が指導する「必勝懇談会」幹部と右翼学生グループの一団である。

一行は官邸の前でトラックから飛び降りると、一隊が官邸の表門に軽機関銃を据え、別の一隊は裏門を固めた。

佐々木の合図で三挺の軽機関銃が一斉に火を吹いた。撃ちまくること二十分。だが、中からは何の反応もない。どうやら官邸内はもぬけの殻らしい。

「首相は小石川丸山町のお屋敷におられます」

周囲でジッとこの様子を見ていた警備の巡査の一人が教えてくれた。

鈴木貫太郎首相の私邸は、大塚から巣鴨に抜ける道路の左手の坂の中腹にある。一行は再び車に分乗すると、急ぎ丸山町を目指した。

私邸の周囲には二十名あまりの巡査が警備に当たっていた。しかし、それには目もくれず、佐々木は機関銃で威嚇態勢をとりながら邸内に突っ込んでいった。屋敷中をくまなく捜す。ところが、ここにも首相の姿は見当たらない。それもそのはずで、官邸からの連絡を受け、鈴木首相はいちはやく私邸を抜け出して、本郷西片町の実妹の家に身を隠したのである。

「よし、焼き打ちだ」

どうにも気持ちのおさまらない佐々木は部下に命じ、あらかじめ用意してきたボロ布に石油を含ませると、火をつけて鈴木邸に投げ入れた。

一隊はこのあと青山に出て、枢密院議長の平沼騏一郎の私邸も襲っているが、平沼も留守だったためここにも火を放った。計画では、東郷茂徳外務大臣の屋敷も襲うつもりだったというが、陽も高くなっていたためあきらめたとも伝えられている。

襲撃を終えた彼らはいったんは鶴見の本部へと赴くが、やがて敗戦を知り、目標を失った佐々木らは自ら東京の憲兵隊に出頭した。もっとも軍籍にあった三十名の兵隊は、軍隊の解消とともにこの事件の追及もまぬがれるが、一般から参加した七名の学生は、裁判で一年半の刑をいい渡され、横浜刑務所に収容されたのであった。

なお、佐々木一派が鈴木首相邸や平沼邸を襲っていたころ、木戸幸一内大臣邸も焼き払われている。こちらは別の右翼グループの仕業によるもので、いずれも畑中少佐の指令によって行われたものである。

近衛師団に続けと立ち上がった各地航空隊の将兵たち

騒動は埼玉県の豊岡航空士官学校でも起こっていた。ここは、あの近衛師団長の森中将殺害に参加した上原重太郎大尉が所属していたところである。当時、同士官学校の校長は徳川好敏中将であったが、校長以下幹部を缶詰にし、全校をあげて抗戦態勢に入っていた。その指揮を執《と》っていたのが、教官だった上原大尉である。

だが、こちらはすんでのところで豊岡の憲兵隊長が間に入り、その非なるを説いて生徒を説得、ことなきを得た。ところが、それを不服とした上原大尉は、十七日夜になって学校内の自室（一説には校内にあった神社の前ともいう）で自決した。その介錯《かいしゃく》をしたのが、彼のいちばんの親友だった荒武禎年大尉だったという。

上野公園の西郷隆盛像。この奥の彰義隊の墓のあたりに水戸の陸軍航空通信学校の将校たちが陣取った。

逆に、無事におさまらなかったのが、やはり森中将殺害の現場に居合わせた、窪田兼三少佐の所属する水戸の陸軍航空通信学校の将校、下士官の一団である。八月十五日、杉少佐以下三百名の兵士たちは朝いちばんの汽車で上京すると、上野の山へ直行し、西郷隆盛像の裏手にある彰義隊の墓のあたりに陣取った。そこから斥候《せっこう》を送り、陸軍省や航空本部などから情報を収集して、軍が動き出せばすぐさま乗り出せる態勢をとっていた。

しかし、すでに終戦の玉音放送も終わり、軍は動き出す気配がない。そこで十五日も夜遅くなってから、突然、その代表が憲兵司令部にやってきた。応対したのは藤野鸞丈憲兵中佐である。少壮血気盛んな将兵た

憲兵司令部庁舎。内堀通りに面した現在の九段合同庁舎あたりにあった。

ちは、しきりに軍刀をガチャつかせながら「憲兵司令部はどうするんだ」と藤野に詰め寄った。

ところが、この藤野は僧籍に身をおいているだけに、人を説得するのはお手のものだ。藤野憲兵中佐が理詰めに話すと、いかな将兵も納得してしまう。彼らがまさにそうだった。だが、直接、彼から話を聞いた者はそれで納得するものの、上野の山に帰ると他の連中がそれではおさまらなかった。そのため憲兵隊にはその後も入れ替わり立ち替わり数人ずつが押しかけた。

ちょうどそんなところに来合わせていたのが、宮城事件にも参加していた近衛師団の参謀石原貞吉少佐である。彼もまた藤野に説得されて矛《ほこ》をおさめた一人だが、陸軍航空通信学校将校たちのあまりのしつこさに、今度はその石原が説得役を引き受けて、上野の山へと向かった。

ところが相手はいきりたっているうえに、調べにいった者がことごとく言いくるめられて帰ってくる。そこへ今度は近衛師団の参謀までが説得にやってきたというのだから、おさまらない。ついに彼らは石原参謀を斬殺してしまったのだ。

結局、陸軍航空通信学校の一隊はそれで引き揚げるのだが、水戸へ戻ったあと首謀者と石原参謀を斬った兵隊は、水戸の護国神社前で自ら命を絶った。

航空隊関係での騒動は、さらにもうひとつ、埼玉県の第八十八、八十九連隊の陸軍航空兵団（兵団長・野中俊雄大佐）でも起こっている。この航空兵団は、日本の雷撃機の最後の精鋭を集めた戦隊で、終戦時にもなお百機からの飛行機をもっていたというから、終戦の詔勅が出されるからといって、とても負けた気持ちにはならなかったに違いない。

折りから八月十五日には東太平洋の沖合にアメリカ艦隊来襲の情報も入っており、一人で五隻ずつは必ず沈めてやろうと、出陣を前に、この早朝には赤飯まで炊いて祝おうとしていた矢先のことである。彼らの気持ちがおさまるはずがない。やむなく野中兵団長はこの日、朝からの飛行をいっさい禁止していた。

しかし、それで引き下がる将兵たちではない。

「まだ完全に戦争が終わったというわけではなく休戦状態にあるのだから、偵察のために飛行機を飛ばすのは当たり前だ」とばかりに、飛行機に弾薬まで積み込んでしまった。しかし、これを許すわけにはいかない。野中大佐は必死になって止めた。

のちに野中大佐は東京の情勢を調べさせるために、十数人の兵隊を自動車で上京させた。

しかし航空本部へ行っても参謀本部へ行っても、確かな情報は得られない。そこで最後に野中兵団長の同期だった藤野鸞丈憲兵中佐を憲兵司令部に訪ねると、ここでも彼らは藤野の説得力の前にようやく納得し、埼玉に帰ったという。

断固抗戦も病気には勝てず無念の挫折をした三〇二空

一連の騒動は海軍の厚木基地にある第三〇二航空隊でも起きていた。同航空隊は横須賀鎮守府の防空を任務とし、戦闘機百五十機をもつ大航空隊である。司令の小薗安名大佐は、日中戦争勃発以来の歴戦のつわものだった。

彼は日本政府がポツダム宣言を受諾したのを知ると、八月十三日夜、司令室に直属の部下である副長や科長を集め、こう決意を語った。

「今後いかなる事態の発生を見るも、断固抗戦を継続する決心であるから、一心同体で進んでもらいたい」

小薗大佐が十五日正午からの玉音放送を聞いたのは、厚木基地地下防空指揮所の隣にある司令寝室のベッドの上だった。一人静かに陛下の言葉を聞くためだったという。彼はその手記にこう記している。

「御言葉が『万世ノタメニ太平ヲ開カムトス』と言うところに来たとき、『うん、よし、違勅にはならぬぞ』と救われた気がした」

違勅、それは当時の日本人にとってなによりも恐ろしい罪名であった。小薗としては、彼と生死を共にしていく多数の部下に、違勅の罪名を着せることは忍び難かったのだろう。

彼は天皇の玉音放送を聞き終わるや、各海軍部隊に宛てて降伏反対と戦争継続の激励電報を発信するとともに、部下の飛行隊員を使って関東一円の各都市および陸海軍航空隊に対して数万枚のビラを空から撒《ま》いた。翌十六日には東北から九州にまでその範囲を広げ、同時に抗戦の準備作業に邁進していた。

だが、その努力はむなしかった。もともと小薗にはマラリアの持病があったうえに、ときに精神錯乱を起こすことがしばしばあった。八月十六日の夜、小薗自身が恐れているその発作が襲った。幸いその夜の発作は治まったものの、十七日の夕刻になって再び精神に異常をきたしてきた。誰の目にもその状態は日に日に悪化していくのがわかる。そして十八日の夜、ついに小薗大佐は横須賀海軍病院に送られた。

しかもそんな折りも折り、八月十九日に高松宮殿下が同隊の飛行長を通じて「ポツダム宣言受諾の聖断は陛下の大御心から出たものである」との言葉を寄せてきた。さすがの将兵たちもその言葉で本来の冷静さを取り戻した。一同は熟慮の結果、戦争継続の意思をひるがえすにいたったのだった。

川口放送所占拠事件と田中静壱大将の見事な最期

相次いだ抗戦派分子による騒動も、次第にその鳴りを潜めていく。そんななか、最後の騒動となったのは、やはり二十四日に起こった川口放送所（正式には鳩ヶ谷放送所）占拠事件だろう。

この事件で主役を演じたのは、あの森師団長室に畑中健二少佐とともに乱入した窪田兼三少佐である。彼はクーデターの失敗で一度は自決を決め、宮城前の芝生の上に座ったが、そのとき偶然にも厚木航空隊の徹底抗戦を訴えるビラを目にしたことから気が変わったという。

のちに彼はこう語っている。

「ビラを読んで、畑中さんがやり残したことをやろうと思い直し、近衛二連隊の独身隊舎にかくまってもらい、同志を集め、国体護持の近道はマッカーサーを生け捕って人質にすることだと思いついて計画を練ったが、脱落者がどんどん増えて、一人だけになってしまった。……そこへ後輩の予科士官学校区隊長の本田中尉が来たので、イチかバチかで川口放送所を占領して全国民に訴えようと考えたのです」

　当時、海外放送はこの送信所から電波が発せられており、そこで窪田らはここから全世界に徹底抗戦の意思を放送しようと企んだのだ。なんと本田は、そのためにわざわざ疎開先の長崎から生徒を連れてやってきたのだった。

聖斷拜し大東亞戰終結
時局收拾に畏き詔書を賜ふ
四國宣言を受諾
萬世の太平開かん
新爆彈・慘害測るべからず
詔書

「大東亜戦終結」を伝える8月15日付毎日新聞。この日の新聞は、正午から玉音放送があったため午後に配達された。


　八月二十三日の夜になり、本田は、夜間演習と偽って生徒二十数名を連れ出した。指揮をとったのは窪田である。彼は翌日朝になるのを待って放送所へと乗り込んだ。

「我々に放送させろ！」

と迫る。だが、一瞬遅く、いちはやく変事に気づいた職員が機転をきかせて送電線を切ってしまっていた。

　航空通信学校では電気の教官をしていた窪田だが、放送所職員との押し問答だけに気をとられ、送電線が切られたことには思いを巡らすことができなかったというからお粗末な話だが、そんなところへ憲兵隊が駆けつけた。

昭和20年3月から東部軍管区司令官となった田中静壱大将。その前は陸大校長も務めていた。

説得に当たったのは、すでに何度も登場したあの藤野鸞丈憲兵中佐である。そのときの模様を、当時、藤野と行動を共にしていた塚本誠憲兵大佐が、次のように書き残している。

「藤野は彼等に話すだけ話さしておいて、終わると『きみたちの議論は言うことはいいが、ビールの気の抜けたようなものだね』といった。すると、パッと中尉が窓を開けて、生徒に『集れ』と言い、『申訳ありません。帰ります』と言って帰ってしまった」

東部軍司令官の田中静壱大将が駆けつけてきたのはそのときである。田中は、軍歌を歌いながらいままさに帰ろうとしている予科士官学校の生徒たちを呼びとめると、天皇陛下の心の内をとくとくと話して聞かせ、決して軽率な行動に出てはならぬといましめた。

こうしてすべての事件は終わった。田中静壱大将が司令官公室で自決をして果てたのは、その夜の十一時過ぎだった。小机の上には恩賜の軍刀、帽子、白手袋、明治天皇像、恩賜の煙草、観音経などのほか、杉山元帥や家族にあてた五通の遺書と、十五日に御文庫で天皇陛下が下された「御上の言葉」の一通が並べられていたという。

玉音放送とともに終焉した大日本帝国七十七年の歴史

フィリピンのルソン島で米軍の日系兵士が「天皇媾和受諾、米軍ニ来レ」のアドバルーンを掲げ、日本軍兵士に終戦を伝えた（8月16日）。

抗戦を叫ぶ一部軍人たちの反乱は起きたが、日本にとって有史以来の無条件降伏という大事件は、むしろ淡々とその終末を迎えたといってもいいだろう。天皇が終戦の詔書を読み上げた玉音放送は、昭和二十年八月十五日午後十二時から、ＮＨＫのラジオを通して全国に放送された。

この日は朝から太陽が照りつける暑い日だった。このとき私は予科練のふるさと・霞ヶ浦に近い農村にいたが、午前中は米機動部隊の艦上機がケヤキの木すれすれに飛び交う騒音で、しばしば会話も聞き取れないくらいだった。その騒音が、昼の十二時少し前にぴたりと止んだ。奇妙な静けさがあたりを包んだのを、いまでも耳朶《じだ》に残している。

8月30日、厚木飛行場に降り立った連合国軍最高司令官ダグラス・マッカーサー（中央）とジーン夫人（左）。右はサザーランド参謀長。サンフランシスコ講和条約が発効する昭和27年4月28日まで、日本は連合国の占領下におかれる。

国民学校の低学年だった私には、雑音の激しいラジオ放送の内容は理解できなかったが、畳に正座して聴いていた大人たちのざわめきで、なにかとんでもないことが起きたのだなぁーとは思った。

その同時刻、迫水久常内閣書記官長は首相官邸の全職員をホールに集めた。放送を聴くためである。

「時報が鳴る。サイレンが響く。特徴のある陛下のお声が流れてきた。しわぶきひとつきこえない。みんな泣いている。この日、このときがくるのをあらかじめ知っていたわたしだったが、それでもなお、こみあげてくるものを押さえることができなかった。放送が終わったあと、わたしは予定にしたがって、まえから用意していた内閣告諭を発表した」（迫水久常『大日本帝国最後の四か月』）

玉音放送が無事すんだ八月十五日の午後二時過ぎから、鈴木内閣最後の閣議が開かれ、全閣僚の辞表がとりまとめられた。こうして四月七日に発足した戦争終結内閣は、わずか四カ月余ながら、波乱と激動の中で幕を閉じた。

後継内閣は皇族の東久邇宮稔彦王に大命が降下した。しかしその内閣は、やがて姿を現す米陸軍元帥ダグラス・マッカーサー（連合国軍最高司令官）を最高権力者とする、間接統治の内閣だった。

詔　書

朕《ちん》深ク世界ノ大勢ト帝国ノ現状トニ鑑ミ非常ノ措置ヲ以テ時局ヲ収拾セムト欲シ茲《ここ》ニ忠良ナル爾《なんじ》臣民ニ告ク

朕ハ帝国政府ヲシテ米英支蘇四国ニ対シ其ノ共同宣言ヲ受諾スル旨通告セシメタリ

抑〻《そもそも》帝国臣民ノ康寧《こうねい》ヲ図リ万邦共栄ノ楽《たのしみ》ヲ偕《とも》ニスルハ皇祖皇宗ノ遺範ニシテ朕ノ拳々《けんけん》措《お》カサル所曩《さき》ニ米英二国ニ宣戦セル所以《ゆえん》モ亦実ニ帝国ノ自存ト東亜ノ安定トヲ庶幾《しょき》スルニ出テ他国ノ主権ヲ排シ領土ヲ侵スカ如キハ固《もと》ヨリ朕カ志ニアラス然《しか》ルニ交戦已ニ四歳ヲ閲《けみ》シ朕カ陸海将兵ノ勇戦朕カ百僚有司ノ励精朕カ一億衆庶ノ奉公各〻最善ヲ尽セルニ拘ラス戦局必スシモ好転セス世界ノ大勢亦我ニ利アラス加之《しかのみならず》敵ハ新ニ残虐ナル爆弾ヲ使用シテ頻ニ無辜ヲ殺傷シ惨害ノ及フ所真ニ測ルヘカラサルニ至ル而《しか》モ尚交戦ヲ継続セムカ終《つい》ニ我カ民族ノ滅亡ヲ招来スルノミナラス延《ひい》テ人類ノ文明ヲモ破却スヘシ斯《かく》ノ如クムハ朕何ヲ以テカ億兆ノ赤子ヲ保シ皇祖皇宗ノ神霊ニ謝セムヤ是レ朕カ帝国政府ヲシテ共同宣言ニ応セシムルニ至

レル所以ナリ
朕ハ帝国ト共ニ終始東亜ノ解放ニ協力セル諸盟邦ニ対シ遺憾ノ意ヲ表セサルヲ得ス帝国臣民ニシテ戦陣ニ死シ職域ニ殉シ非命ニ斃《たお》レタル者及其ノ遺族ニ想ヲ致セハ五内《ごだい》為ニ裂ク且戦傷ヲ負ヒ災禍ヲ蒙リ家業ヲ失ヒタル者ノ厚生ニ至リテハ朕ノ深ク軫念《しんねん》スル所ナリ惟《おも》フニ今後帝国ノ受クヘキ苦難ハ固ヨリ尋常ニアラス爾臣民ノ衷情モ朕善ク之ヲ知ル然レトモ朕ハ時運ノ趨《おもむ》ク所堪ヘ難キヲ堪ヘ忍ヒ難キヲ忍ヒ以テ万世ノ為ニ太平ヲ開カムト欲ス
朕ハ茲ニ国体ヲ護持シ得テ忠良ナル爾臣民ノ赤誠ニ信倚《しんい》シ常ニ爾臣民ト共ニ在リ若《も》シ夫《そ》レ情ノ激スル所濫《みだり》ニ事端ヲ滋《しげ》クシ或ハ同胞排擠《はいせい》互ニ時局ヲ乱リ為ニ大道ヲ誤リ信義ヲ世界ニ失フカ如キハ朕最モ之ヲ戒ム宜シク挙国一家子孫相伝ヘ確《かた》ク神州ノ不滅ヲ信シ任重クシテ道遠キヲ念《おも》ヒ総力ヲ将来ノ建設ニ傾ケ道義ヲ篤クシ志操ヲ鞏《かた》クシ誓テ国体ノ精華ヲ発揚シ世界ノ進運ニ後レサラムコトヲ期スヘシ爾臣民其レ克《よ》ク朕カ意ヲ体セヨ

御名御璽

あとがき

日米戦争はどっちが勝ったの？

さきごろ、この稿をまとめるにあたってインターネットで「ポツダム宣言」を検索していたら、興味ある書き込みに出会った。タイトルには「迫水内閣書記官長証言に見る敗戦前夜」とあり、その書き出しの小見出しは「日米戦争を知らない若者」とあった。

書いているのは大学の先生で、「もう数年前から大学生たちのなかには知識としても日本がアメリカと戦争をしたことを知らない者が増えている。『それでどっちが勝ったんですか？』などと無邪気に尋ねる者もいる」と、半ば驚き、半ばあきれている。そして先生はこう続けている。

「太平洋戦争は、昭和十六（一九四一）年十二月八日、日本軍の真珠湾攻撃から始まって、アメリカの広島・長崎への原爆投下を経て、昭和二十（一九四五）年八月十五日、昭和天皇の玉音放送を最後に三年八ヶ月の戦いの幕を閉じた。この戦争でアジアでは二千万人、日本で三百十万人の犠牲者が出た。広島・長崎の原爆犠牲者は三十六万人余を数える。学生はこうしたことを具体的に話すと信じ難い表情をする」

そして先生は、「戦後生まれが七〇パーセントを超えたいま、これも無理ないのかとも思う」と書く。たしかに先の戦争が終わって七十年が過ぎたいま、満州事変に始まり、太平洋戦争（大東亜戦争）で終わった十五年戦争は、歴史の一コマになりつつある。

だが七十年前の「敗戦」と「終戦」は、軍国主義の軍部独裁下を脱却して、いま私たちが生活している平和と民主主義社会のスタートでもあったわけで、そうした観点に立てば「まだ七十年」しか経っていないともいえる。

ところで、その七十年間の日本の戦後教育は、これら十五年戦争を含めた近現代史教育にあまり熱心ではなかった。その証拠が「日米戦争を知らない若者」たちの登場であろう。日米戦争を含めた近現代史を知らなければ、いま中国や韓国が首相の靖国神社参拝に対してなぜ抗議をするのか、とても理解はできまい。

日本が近代国家を歩み始めた明治維新から昭和二十年八月十五日にいたる八十年間は、いってみれば〝戦争の時代〟であった。この間に日本は日清戦争、北清事変（義和団事件）、日露戦争、第一次世界大戦、シベリア出兵、満州事変、日中戦争、そして太平洋戦争とつねに海外出兵を繰り返し、戦争を行ってきた。本書のテーマでもある「無条件降伏」は、単に太平洋戦争の終戦ではなく、この〝戦争の時代〟のフィナーレなのである。日本の戦争の歴史を知り、その悪しき時代がいかに終わっていったかを知ることは、これからの時代を生きる人々にとっては大きな指針になると思う。

軍部独裁を産んだ軍部大臣現役武官制

その戦争の時代八十年間に日本の軍事力は巨大化し、並行して軍部の力、とりわけ陸軍の力が巨大化し、日本の政治を完全に牛耳る一大政治勢力になってしまった。

その巨大政治勢力の鬼に金棒を与えたのが「軍部大臣現役武官制」だった。すなわち、陸軍大臣と海軍大臣は現役の軍人でなければならないという制度である。現役を引退した軍人（予備役）は、陸海軍大臣には就《つ》けないという制度だ。この制度のために、政府首脳はつねに軍部の顔色をうかがわなければならなくなった。

もし政府が軍部のいうことを聞かなければ、軍部大臣を辞めさせて後任を推薦しなければ、その内閣は簡単に瓦解する。または新内閣をスタートさせようとしても、陸相なり海相を軍部が推薦しなければ、組閣はできない。そのために流産した内閣や瓦解した内閣はいくつもあった。

さらに軍部には武力がある。首相や大臣などが口を挟めない権力もあった。統帥権である。そのうえ自分たちの反対勢力には、軍の警察である憲兵を操って脅したり、ときには逮捕したりもした。この憲兵を後ろ楯に政治を遂行した首相として知られるのが、東條英機陸軍大将である。

こうした軍部に有利な内閣制度や、武力を背景としている陸海軍大臣の存在を念頭に置くと、鈴木貫太郎内閣の終戦工作は俄然興味あるものになる。

たとえば、アメリカの原爆投下やソ連の対日参戦の口実にされた、鈴木首相のポツダム宣言「黙殺」発言も、陸軍の中堅将校（佐官クラス）たちの突き上げに端を発している。詳細は本文を参照していただきたいが、もし軍部大臣現役武官制がなければ、いかに軍人たちの突き上げがあっても、鈴木首相はあのような彼らに迎合する発言はしなかったと思う。はっきりと拒否すればいいのである。

しかし、陸軍省や参謀本部の中堅将校たちの要望を無碍《むげ》に拒否すれば、彼らは陸相を突き上げて倒閣運動に走る可能性もある。その手段は陸相に辞任を迫ることである。しかし、鈴木首相は自分の手で戦争を終わらせる決心をしていたがために、陸相が辞任に追い込まれるような拒否発言はしなかった。そして自分では「ノーコメント」くらいの意味合いで、「黙殺」発言をしたにちがいない。

腹芸でやりとりされた日本の断末魔

日本の終戦に関する政府関係者たちの回想記などを読むと、あちこちに「腹芸」という言葉が出てくる。首相の鈴木貫太郎は実際に耳が遠かったこともあり、閣議や御前会議ではあまり発言はしなかった。そこを腹芸でカバーしていたのが迫水書記官長と東郷外相ではなかったか。

迫水の回想記『大日本帝国最後の四か月』に、「阿南陸相の腹芸に感激する」という項がある。ときは八月十三日で、午後三時から首相官邸で閣議が始まった。

この日の午前中に開かれた最高戦争指導会議構成員会議は、ポツダム宣言全面受け入れを主張する鈴木首相、米内海相、東郷外相の三人に対して、条件付き受諾を主張する阿南陸相、梅津参謀総長、豊田軍令部総長の三人は、日本側の条件を認めるのかどうか米英側に再照会すべきだとして平行線をたどっていた。

閣議もテーマは同じで、鈴木首相は閣僚全員からポツダム宣言受諾のはっきりした賛否を得ようと開いたのだった。その閣議が始まってまもなく、迫水書記官長は阿南陸相から呼ばれた。

「陸相は、わたしをつれてとなりの部屋へ入り、すぐ、陸軍省の軍務局長室へ電話をした。そして、つぎのようなことをいった。

『いまさっき、閣議がはじまったが、閣僚たちはだんだん君たちの意見を了解する方向に向かいつつある。だから、君たちはわたしがそちらへ帰るまで動かないで、じっと待っていてもらいたい。ここにいま内閣書記官長がいるので、もし、閣議のもようを直接ききたいと思うなら、電話を代わってもよい』

わたしはびっくりした。閣議の空気は、まったく反対の方向へ向かい、阿南陸相は孤軍奮闘のかたちである。わたしは、陸相がどうしてこんなことをいうのか、じぶんの耳を疑ったがすぐに陸相の真意を悟った。わたしは陸相の腹芸に感激した」(前出書より)

本文でも書いたが、このとき陸軍部内では中堅将校を中心にポツダム宣言受諾阻止、戦争続行のクーデター計画が練られていたから、阿南陸相は迫水をダシに部下の暴走を押さえるために、大芝居を打ったのかもしれない。

こうした阿南陸相の行動をみると、最後の最後まで終戦に反対の立場をとっていたが、本心は戦争に幕を引くことを心に決めて鈴木内閣の陸相を引き受けたのかもしれない。しかし、最終章が見える前に本心を露わにすれば陸相辞任に追い込まれ、鈴木内閣は瓦解する。それを阻止するために、ぎりぎりまで終戦反対の立場を見せながら、最後の最後を迎えたのではないだろうか。

最後の聖断が出た八月十四日の午後、御前会議から帰った阿南は、陸軍大臣室に集まった将校たちにポツダム宣言受諾の経過を話し、

「不満に思う者はまず阿南を斬れ」

と、決然と言ったという。死を覚悟した阿南惟幾陸相が初めて本心を見せたときであった。

それにしても「腹芸」とはなんとわかりづらい、日本的表現方法であることか。

主要参考文献
（順不同）

『敗戦の記録』 参謀本部 所蔵（原書房）
『木戸幸一日記』 上・下（東京大学出版会）
『木戸幸一関係文書』（東京大学出版会）
『時代の一面』 東郷茂徳（改造社）
『終戦記』 下村海南（鎌倉文庫）
『大日本帝国最後の四か月』 迫水久常（オリエント書房）
『機関銃下の首相官邸』 迫水久常（恒文社）
『大東亜戦争秘史』 保科善四郎（原書房）
『最後の帝国海軍』 豊田副武 述（世界の日本社）
『二つのロシア』 佐藤尚武 述（世界の日本社）
『大木日記・終戦時の帝国議会』 大木操（朝日新聞社）
『大本営機密日誌』 種村佐孝（ダイヤモンド社）
『終戦秘史有末機関長の手記』 有末精三（芙蓉書房）
『日本外交史25大東亜戦争終戦外交』 鹿島平和研究所（鹿島研究所出版会）
『昭和史の天皇』 2 読売新聞社
『重臣たちの昭和史』 上・下 勝田龍夫（文藝春秋）
『ＧＨＱ歴史課陳述録　終戦史資料』 上・下 編・佐藤元英、黒沢文貴（原書房）
『終戦の侍従長海軍大将藤田尚徳』 外崎克久（清水弘文堂）
『鈴木貫太郎自伝』 鈴木一編（時事通信社）
『聖断　天皇と鈴木貫太郎』 半藤一利（文藝春秋）
『終戦史録』 外務省編纂（新聞月鑑社）
『ヤルタ会談』 倉田保雄（筑摩書房）
『トルーマン回顧録』 加瀬俊一監修・堀江芳孝 訳（恒文社）
『第二次世界大戦』 Ｗ・Ｓ・チャーチル。佐藤亮一 訳（河出文庫）
『原爆はこうしてつくられた』 レスリー・Ｒ・グローブス。冨永謙吾、実松譲 共訳（恒文社）
『原爆投下決定』 Ｌ・ギオワニティ、Ｆ・フリード。堀江芳孝 訳（原書房）
『ポツダム会談』 チャールズ・ミー。大前正臣 訳（徳間書店）
『ヤルタからポツダムへ』 ゲルト・レッシンク。佐瀬昌盛 訳（南窓社）

【著者プロフィール】
平塚柾緒　（ひらつか・まさお）
1937年茨城県生まれ。取材・執筆・編集グループである太平洋戦争研究会、近現代フォトライブラリー主宰。これまでに数多くの従軍経験者への取材を行い、また日本人で唯一、GHQの秘密情報機関「キャノン機関」のジャック・Y・キャノン大佐にインタビュー取材を行った。近著に『写真で見るペリリューの戦い』（山川出版社）、『玉砕の島々』『日本空襲の全貌』（いずれも洋泉社）、『山本五十六の真実』（河出書房新社）などがある。

[写真協力＆出典]

アメリカ国防総省

アリゾナ記念館

大本営陸軍報道部

大本営海軍報道部

『写真週報』編集部

近現代フォトライブラリー

八月十五日の真実

2015年7月10日　第1刷発行

著　者　平塚柾緒
発行者　唐津　隆
発行所　株式会社ビジネス社
〒162-0805　東京都新宿区矢来町114番地
神楽坂高橋ビル5F
電話　03-5227-1602　FAX 03-5227-1603
URL　http://www.business-sha.co.jp/

〈カバーデザイン〉島崎哲雄（島崎哲雄デザイン事務所）
〈本文DTP〉茂呂田剛（エムアンドケイ）
〈印刷・製本〉モリモト印刷株式会社
〈編集担当〉本田朋子〈営業担当〉山口健志

ISBN978-4-8284-1826-1